PRÉFACE

On peut considérer que la *Grammaire du japonais* de Catherine Garnier comble une lacune dans les études japonaises en France. Il ne manque pas de méthodes d'apprentissage de la langue, quand ce ne serait que *Le Japonais* de la collection « Sans peine » Assimil, très bon ouvrage dont elle est elle-même un des auteurs. Mais le présent livre apparaît comme autre chose qu'un simple manuel d'apprentissage, exposant la structure de la langue à travers des textes variés. Ce que l'on a ici, c'est un exposé systématique, qui, pourtant, se recommande par la combinaison féconde de deux éléments : d'une part une présentation complète fondée sur la connaissance profonde du japonais, d'autre part un souci pédagogique permanent.

Le résultat de ces qualités de l'ouvrage est tout à fait clair : les traits principaux du japonais sont exposés avec précision et souci d'exhaustivité, mais sans que l'exposé soit alourdi par une présentation trop savante ou trop encombrée d'insistance sur les faits les plus spécifiques. Cela s'aperçoit bien dans le traitement d'un grand nombre de particularités qui confèrent à la langue japonaise sa physionomie originale. Ainsi, ce livre donne une excellente idée des niveaux de politesse, ici appelés, en les synthétisant en trois, le degré moins, le degré moyen et le degré plus. Le système des termes de pointage et de surenchère, autre domaine original du japonais, est également exposé avec autant de clarté que de simplicité, ainsi que les « particules » (essentiellement postpositions) réparties en premier et second cercle selon leur caractère plus ou moins essentiel par rapport au prédicat, et que les expressions finales de modalité, avec, notamment, d'excellents développements sur l'expression d'un degré d'engagement et l'évaluation du degré de vérité.

L'étude de la nominalisation est intéressante, en particularité en ce qui concerne la différence entre les nominalisateurs **no** et **koto**. Le chapitre sur les mots interrogatifs et les mots indéfinis, ainsi que le chapitre sur le système des démonstratifs exposent les faits avec le souci de bien faire apparaître les grandes lignes en même temps que les détails qui ont de l'importance. D'autres particularités du japonais sont décrites fidèlement et avec pénétration, notamment les verbes de don et les verbes de demande, ainsi que le très riche système des verbes composés et des verbes dérivés.

Se recommande également par sa finesse, l'étude des compléments circonstanciels autres que ceux qui sont marqués par une postposition, et dont les marques sont, par exemple, **toki** (que l'on retrouve, dans cette langue très économique, comme relateur marquant les propositions circonstancielles de temps), **uchi**, **koro**, la forme en **-te** et ses nombreux usages et combinaisons, ou les moyens d'expression de la concomitance, dont les remarquables **nagara** et **mama**. L'étude de la phrase complexe, enfin, souligne bien les divers types de contraintes, dont la forme dépend de la nature du relateur.

Ainsi, cet ouvrage répond d'une excellente façon au souci qu'avait l'auteure d'écrire un livre pratique en même temps que complet. À celles et à ceux qui n'ont pas encore abordé l'étude du japonais, il offre une vue synthétique qui leur donnera une très bonne idée du système de cette langue. Quant aux autres, il leur permettra d'entrer dans les secrets d'une des langues les plus subtiles qui soient, guidés par une auteure qui possède, de cette langue, une connaissance raffinée.

Claude Hagège
Collège de France, Septembre 2016

PRÉAMBULE

Les éléments de description grammaticale de la langue japonaise en usage tant au Japon qu'à l'étranger sont issus de deux traditions différentes. La tradition japonaise mettait l'accent sur l'emploi des éléments grammaticaux, particules et suffixes, considérés comme la « *voix du cœur*/**kokoro no koe** » (ceux qui permettent l'expression des sentiments). La tradition « occidentale » (à travers les grammaires hollandaise et anglaise connues surtout au cours du XIXe siècle) s'est vue emprunter la classification des parties du discours et les fonctions grammaticales. Mais la grammaire n'ayant, pendant très longtemps, pas fait l'objet d'un enseignement scolaire, on ne peut pas dire qu'il existe une grammaire standard du japonais, comme dans le cas du français ou d'autres langues à grande diffusion.

Le présent ouvrage propose une description systématique des faits de la langue japonaise, qui s'appuie sur une observation directe de ces faits ; il s'écarte donc souvent de l'usage actuel français, voire japonais, en matière d'enseignement de la langue japonaise.

Il s'adresse à tous ceux qui se sont lancés dans l'étude du japonais et souhaitent affermir leurs bases ou trouver des réponses aux questions qu'ils se posent au fur et à mesure de leur apprentissage oral ou écrit de cette langue. Il se veut avant tout un ouvrage pratique et tente d'être le plus complet possible, essayant de ne laisser de côté aucun fait nécessitant une explication grammaticale. Il peut être abordé de deux façons et comporte donc un double système de repérage :

• Il peut être utilisé en lecture et étude continues. Son plan a été conçu pour aller du plus simple au plus complexe. Ce plan est présenté dans le sommaire (p.8-9) qui permet d'avoir une vision générale de l'organisation de l'ouvrage.

• Il peut être consulté comme un dictionnaire de grammaire. C'est à cette utilisation que correspond l'organisation en paragraphes numérotés auxquels renvoie un index détaillé (pages 299 à 303). Il est ainsi possible de trouver directement et rapidement tout point précis sur lequel on souhaite avoir une explication.

Dans tous les cas, avant de se lancer dans l'étude, il est important de prendre le temps d'assimiler la signification des 4 termes suivants qui vont se rencontrer fréquemment au cours de l'ouvrage et qui sont de grande importance. Tous les autres termes utilisés dans l'ouvrage sont des termes courants ne nécessitant pas d'explication particulière.

1. PROCÈS – Ce terme, qui peut paraître rébarbatif, n'est qu'une manière commode de désigner de façon synthétique les diverses possibilités de sens des verbes : actions, états, qualités, et éviter de répéter cette liste à chaque fois qu'on en a besoin.

2. LOCUTEUR – Étymologiquement, c'est « celui qui parle ». Il sera pris dans le sens plus large de « toute personne qui produit un énoncé », qu'il s'agisse d'oral ou d'écrit, qu'il s'agisse d'une personne définie ou de l'auteur inconnu d'un texte. En japonais, la position du locuteur est, dans de nombreux cas, un critère de sélection pour certaines formes grammaticales.

3. ACTANT – C'est littéralement la personne qui agit, et plus précisément celui/celle qui fait l'action décrite dans une phrase donnée. Ce peut être aussi l'être animé ou l'objet qui est source d'un acte ou d'une transformation. Par raccourci, on désignera par ce terme le mot qui le/la représente dans la phrase ou la proposition.

4. PHRASE / PROPOSITION – La seule différence entre les deux, c'est l'autonomie.

On appelle phrase un ensemble autonome. À l'écrit c'est ce qui se trouve entre deux points ou entre un début de texte et un point. À l'oral la frontière entre phrases peut être marquée par l'intonation.

Une proposition n'est pas autonome, elle est à l'intérieur d'une phrase.
Selon sa situation, la même suite de mots est baptisée « phrase » ou « proposition ».

Exemple › Adèle n'aime pas les carottes. C'est une phrase.
Mais dans : Je sais **qu'**Adèle n'aime pas les carottes.
ou : **Comme** Adèle n'aime pas les carottes, je lui fais des petits pois.
ou : Jules n'aime pas les petits pois **et** Adèle n'aime pas les carottes.
ou : **Même si** Adèle n'aime pas les carottes, il faudra bien qu'elle les mange. etc.
La même suite de mots « Adèle n'aime pas les carottes » est une proposition, introduite par divers mots servant à la relier au reste de la phrase : que, comme, et, même si…
On pourrait aussi dire qu'une phrase est un ensemble de propositions, dont le minimum est une. Quand la phrase est faite d'une seule proposition on parle de phrase simple, quand il y a plus d'une proposition on parle de phrase complexe.

QUELQUES REPÈRES PRATIQUES

TRANSCRIPTION ET PRONONCIATION

Le système de transcription adopté dans cet ouvrage est le système Hepburn, le plus répandu.
La plupart des sons se prononcent comme en français. Il faut cependant porter une attention spéciale aux points suivants :

Voyelles

- **e** se prononce le plus souvent [é] (comme dans *été*), mais [è] (comme dans *cette*) devant consonne double ou **n** de fin de syllabe.
- **u** se prononce entre [eu] et [ou] – souvent plus proche de [ou].
- quand **a**, **o**, **u** sont surmontés d'un accent circonflexe c'est qu'ils sont prononcés longs.
- **ei** / **ai** se prononcent comme dans *veille*, *vaille*. Si les deux sons doivent être prononcés distinctement ils sont séparés par un point.

Consonnes

- **h** est toujours aspiré.
- quelle que soit la voyelle qui le suit, **g** se prononce toujours dur comme dans *gouffre*.

• **s** se prononce toujours [ss] (comme dans *gosse*), jamais [z].
• **r** se prononce entre [r] et [l].
• **sh** se prononce [ch] et **ch** se prononce [tch].
• Quand deux consonnes identiques se suivent elles sont toutes deux prononcées.
• **n** devant **b** ou **p** est prononcé [m].

Groupe voyelle-consonne

Dans les groupes voyelles + **n**, le **n** doit être prononcé : **en** > [ène], **in** > [ine], **un** > [oune].
Mais **an** > [an.n] comme dans *en allant*, **on** > [on.n] comme dans *on a*.

TRANSCRIPTION DES NOMS PROPRES

Les exemples cités au fil des paragraphes peuvent contenir des noms propres.
• Si le nom est cité en entier, il l'est selon l'usage japonais : d'abord le nom de famille, ensuite le prénom. Pour éviter la confusion, le nom propre est écrit en majuscules, le prénom en minuscules : *KAWABATA Yasunari*.
• Quand une seule partie du nom est citée, s'il s'agit du nom de famille il est écrit en majuscules : *TANABE*, s'il s'agit du prénom il est écrit en minuscules : *Tsutomu*.

SOMMAIRE

PARTIE 1

LA PHRASE SIMPLE

Chap. 1 › **PRINCIPES DE BASES**

1 | On distingue trois sortes de phrases, selon la nature du noyau à partir duquel elles sont construites.
Dans tous les cas :
• Le mot-noyau est toujours situé à la fin de la phrase (un seul cas d'inversion (cf § 56). Il ne peut être suivi que d'une particule interrogative (cf § 3 et 4), et d'une particule ou d'une expression de modalité (cf Partie 1 Chapitre 5).
• Tout autre élément constitutif de la phrase, quelle que soit sa fonction, se place donc avant lui. Selon la nature de cet élément, il est suivi ou non d'un marqueur de fonction.

Les trois sortes de phrases sont :
• La phrase à noyau verbe.

Exemple › **maiban bôenkyô de hoshi o mimasu**
chaque soir télescope étoiles je-regarde
Tous les soirs je regarde les étoiles au télescope.

• la phrase à noyau ensemble [nom (ou équivalent cf Partie 2 Ch. 1 à 4) + actualisateur] (cf § 67).

Exemple › **chikyû wa wakusei desu**
la-Terre planète [actualisateur]
La Terre est une planète.

• la phrase à noyau adjectif.

Exemple › **chikyû wa marui**
la-Terre est-ronde
La Terre est ronde.

2 | Un noyau seul peut constituer une phrase.

Exemples › **ikimasu** *J'(y) vais.*
oishii *C'est bon.*
bijutsukan desu *C'est un musée.*

3 | Quel qu'en soit le noyau, une phrase peut être affirmative, négative ou interrogative.

– La phrase affirmative suit simplement les principes de base énoncés au § 1.
– La phrase négative comporte obligatoirement et uniquement un suffixe de négation directement adjoint au verbe, à l'adjectif ou à l'actualisateur (cf § 10, 68, 77).
– Le caractère interrogatif d'une phrase est marqué par la présence d'une particule interrogative placée en fin de phrase après le mot-noyau ou l'ensemble-noyau. La particule standard est **ka**.

Exemple › **kinô kaimono o shimashita ka**
hier courses vous-avez-fait
Vous avez fait des courses hier ?

4 | Il existe d'autres particules interrogatives :
• **kai** dans le langage masculin familier.

Exemple › **issho ni mô ippai nomu kai**
ensemble encore un-verre tu-bois
Tu reprends un verre avec moi ?

• **dai** dans le langage masculin familier. Mais l'emploi de **dai** doit répondre à certaines conditions. Il ne peut s'employer qu'à la fin d'une phrase contenant un mot interrogatif (cf § 160).

Exemple › **baito wa dô dai**
job comment
Ça va comment ton boulot ?

• **no** dans le langage familier féminin ou enfantin.

Exemple › **mô shukudai o yatta no**
déjà devoirs tu-as-fait
Tu as fait tes devoirs ?

Dans le langage parlé, une interrogation peut être marquée uniquement par l'intonation montante de la phrase, qui seule la différenciera d'une phrase affirmative.

Exemple › **mô shukudai o yatta ?**
déjà devoirs tu-as-fait
Tu as fait tes devoirs ?

À noter c'est le seul cas où, à l'écrit, on utilise un point d'interrogation.

5 | Certains énoncés sont considérés comme des phrases bien qu'ils ne puissent pas se développer en constructions :

• les interjections : **hai** ou familier **un** *oui*, **iie** ou familier **uun** *non*, **eeto...** *heu...*, **saa...** *et bien...*

À noter **hai**/**un** et **iie**/**uun** sont rarement utilisés de façon autonome. En général ils sont suivis de la reprise, en répons, des termes de la question posée, même dans une conversation de type familier.

Exemple › **mô shukudai o yatta no - un, yatta yo**
déjà devoirs tu-as-fait oui j'ai-fait
Tu as fait tes devoirs ? – Ouais !

• les formules toutes faites : salutations, congratulations...

Exemples › **o-hayô gozaimasu** *Bonjour !*
sumimasen *Excusez-moi !*

Certaines formules peuvent se voir élargir par un adverbe :

Exemple › **arigatô gozaimasu** *Merci !* > **dômo arigatô gozaimasu** *Merci beaucoup !*

Chap. 2 › **LA PHRASE À NOYAU VERBE**

6 | Dans sa forme la plus simple, la phrase à noyau verbe est constituée du verbe, placé à la fin et précédé de divers compléments, sous la forme :
– de noms ou équivalents de noms, suivis (sauf le cas de certains noms de temps) d'une particule, marqueur de fonction
– d'adverbes ou expressions équivalant à des adverbes.

Section 1 › **MORPHOLOGIE DU VERBE**

7 | La variation des verbes est commandée par quatre critères :

1) Distinguer une phrase négative d'une phrase affirmative, par l'adjonction d'un suffixe au verbe (cf § 10 à 13).

2) Préciser l'inscription du procès (cf Préambule) dans le temps. On distingue ce qui relève de la place du procès dans une chronologie (le temps) et ce qui relève de la saisie du procès dans son développement (l'aspect). Certaines formes indiquent aussi que le procès est envisagé hors du temps (cf Partie 2, Chapitre 10, Section 1).

3) Exprimer le degré de la relation entre les interlocuteurs. On distingue trois degrés : un degré moyen, un degré plus et un degré moins. Le choix entre les formes de ces trois degrés est fonction de la situation, du sexe et de l'âge des locuteurs. Pour donner quelques indications générales (cf § 10 à 13 et Partie 2, Chapitre 10, section 1) :

– le degré moyen peut s'employer, quel que soit le locuteur, dans la plupart des circonstances en dehors des cercles les plus proches (famille, amis). C'est aussi le plus souvent celui de l'écrit (récit littéraire, essai, articles...).
– le degré plus s'emploie lorsqu'on veut ou doit marquer une relation de déférence envers un interlocuteur (cf § 22 à 25).
– le degré moins s'emploie dans le cadre de la famille ou entre amis très proches. Ici intervient la différence entre les pratiques masculines et féminines. Les hommes de tous âges utilisent entre amis des formes de degré moins.

Pour les femmes, les différences d'âge ou de génération doivent être prises en considération. Si les femmes jeunes ou d'âge moyen utilisent volontiers les formes de degré moins entre amies ce n'est pas le cas pour des femmes plus âgées qui préfèrent parfois les formes de degré moyen. Interviennent encore d'autres éléments comme le milieu social ou le milieu professionnel. Le degré moins est aussi utilisé dans certains types d'écrits, par exemple les écrits scientifiques.

4) Appliquer une règle syntaxique : en fin de phrase le choix est libre entre les trois degrés, mais la syntaxe peut exiger des formes de degré moins dans certaines structures à l'intérieur de la phrase (cf Partie 3 et Partie 5).

À noter il existe aussi un degré plus pour l'actualisateur (cf § 69), et, de façon très limitée, pour certains adjectifs et certains noms (cf § 82, 123, 125 à 127).

8 | On distingue deux types de verbes, auxquels s'ajoutent quelques verbes présentant de faibles irrégularités.

Principe de la variation : la variation d'un verbe se fait par l'adjonction de suffixes à une base ou par l'emploi de certaines bases en tant que formes verbales. Le terme « base » désigne une unité morphologique. L'expression « forme verbale » (plus simplement le terme « forme ») désigne une unité syntaxique, pouvant assumer une fonction dans la phrase. La base d'un verbe japonais se termine toujours par une voyelle.

Pour les verbes du premier type : le radical (partie invariable du verbe) se termine par une voyelle, et constitue la base. Ce sont les verbes « unibases ».

Dans le cas des verbes du second type la base est constituée du radical augmenté d'une voyelle, qui diffère selon les emplois ou les suffixes joints. Ce sont les verbes « multibases ».

La grande majorité des verbes est unibase. En effet, chaque fois qu'il y a dérivation d'un verbe à partir d'un nom, d'un adjectif ou d'un autre verbe, le verbe dérivé est unibase. Les verbes multibases sont beaucoup moins nombreux, mais cette catégorie contient les verbes dont la fréquence d'emploi est la plus haute.

Si on ajoute par exemple le suffixe **-masu** à un verbe de chaque type, on obtient :
• verbe unibase *manger** : **tabe-masu**
tabe- est le radical et en même temps la base qui reçoit tous les suffixes.
• verbe multibase : *marcher* **aruk-i-masu**
aruk- est le radical.
aruk-i- est la base qui peut recevoir le suffixe **-masu**.

*Par convention, on cite un verbe en utilisant sa forme en **-u** de degré moins (cf §12) traduite par un infinitif français.

9 | Les trois degrés. Le degré moins et le degré moyen se différencient par les suffixes employés. Le degré plus se forme soit par l'emploi de verbes différents, soit par l'emploi d'une structure complexe, il fait l'objet de paragraphes à part (cf § 21 à 25).

10 | Principaux suffixes
Ces suffixes sont les mêmes pour tous les verbes.

DEGRÉ MOINS	DEGRÉ MOYEN	VALEUR*
-ru/-u	**-masu**	atemporel
-nai**	**-masen**	expression de la négation
-ta	**-mashita**	expression du passé ou de l'accompli
-nakatta	**-masen deshita**	expression de la négation du passé
-ô/-yô	**-mashô**	expression de l'invite***
-te	**-mashite******	[rôle syntaxique]

* Les valeurs données ici sont juste un premier repérage. Ce point est développé en détails dans la Partie 2 Chapitre 10 Section 1.

Certaines expressions figées emploient encore l'ancien suffixe **-zu/-nu, à la place de **-nai**.
*** Il s'agit d'une invite faite à un groupe de personne auquel appartient le locuteur. Mais cette forme s'emploie aussi pour une invite qu'on se fait à soi-même dans un discours intérieur ou un soliloque.
**** Ce suffixe **-mashite** est peu usité dans le langage courant, il ne se trouve que dans un langage au degré plus ou dans les expressions toutes faites. Ex. : **hajimemashite**, formule utilisée quand on rencontre quelqu'un pour la première fois (litt. : *pour commencer*).

Bien que répondant au même fonctionnement morphologique (ils s'attachent aux bases verbales), les suffixes sont de natures très différentes :
– le suffixe **-ô/-yô**, **-mashô** concerne le mode
– les suffixes **-ru/-u**, **-masu** ainsi que **-ta**, **-mashita** concernent le rapport au temps
– les suffixes **-nai**, **-masen** ; **-nakatta**, **-masen deshita** concernent le type de phrase : négative, ainsi que le rapport au temps
– le suffixe **-te** a une valeur purement syntaxique.

À noter le suffixe de négation degré moins **-nai-**, **-nakatta** est morphologiquement un adjectif en **-i** et est donc soumis aux variations de cette catégorie d'adjectifs (cf § 76 à 80).

11 | Les <u>formes verbales</u> obtenues par adjonction des suffixes ne connaissent pas la notion de personne. Chaque forme correspond à : *je..., tu..., il..., elle..., nous..., vous..., ils..., elles...*, ainsi qu'à l'impersonnel *on*.

Exemple › **ori-masu** = *je descends (du train...), tu descends, il/elle descend, nous descendons, vous descendez, ils/elles descendent, on descend.*

Seules les formes en **-ô**/**-yô** sont spécifiées pour *je, nous*.

Exemple › **ori-mashô** *descendons* (adressé à soi-même ou au groupe dont on fait partie).

12 | <u>Verbes unibases</u>

Toutes les formes sont construites directement sur la base (= radical). Une partie des verbes a sa base terminée par **e**, l'autre partie a sa base terminée par **i**.

Exemple › base en **e** : le verbe *oublier*. La base est **wasure-** :

DEGRÉ MOINS	DEGRÉ MOYEN	
wasure-ru	**wasure-masu**	*je, tu...elles, on oublie (-es, -ons, -ez, -ent)*
wasure-nai	**wasure-masen**	*je, tu ... elles, on n'oublie (-es, -ons, -ez, -ent) pas*
wasure-ta	**wasure-mashita**	*j' ai, tu... elles, on (as..ont) oublié*
wasure-nakatta	**wasure-masen deshita**	*je n'ai, tu ... elles, on (n'as...n'ont) pas oublié*
wasure-yô	**wasure-mashô**	*oublie, oublions*
wasure-te		[rôle syntaxique]

Exemple › base en **i** : Le verbe *descendre (d'un véhicule)*. La base est **ori-** :

DEGRÉ MOINS	DEGRÉ MOYEN	
ori-ru	**ori-masu**	*je, tu... elles, on descend (-s, -ons, -ez, -ent)*
ori-nai	**ori-masen**	*je, tu... elles, on ne descend (-s, -ons -ez, -ent) pas*
ori-ta	**ori-mashita**	*je suis, tu... elles, on (es..sont) descendu(e)(s)*
ori-nakatta	**ori-masen deshita**	*je ne suis, tu..., on (n'es..ne sont) pas descendu(e)(s)*
ori-yô	**ori-mashô**	*descend, descendons*
ori-te		[rôle syntaxique]

La base des verbes unibases a deux emplois :
– elle sert à recevoir des suffixes
– mais elle peut aussi devenir une forme et assurer telle quelle une fonction dans l'énoncé (cf § 350).

À noter la forme en **-ru** est retenue comme représentative du verbe, c'est elle qui sert lorsqu'on a besoin de citer un verbe hors contexte. Elle est souvent appelée « forme du dictionnaire ». En français, par commodité et par convention, elle est traduite par un infinitif.

13 | Verbes multibases

La base est constituée d'un radical terminé par une consonne + une voyelle qui varie selon les emplois : **-u**, **-a**, **-i**, **-ô**.

Exemple › le verbe *parler* : le radical est **hanas-/hanash-**
(Rappel : il n'existe pas de syllabe **si** en japonais, dans tous les cas, devant **i** le **s** devient **sh**).

DEGRÉ MOINS	DEGRÉ MOYEN	
hanas-u	**hanash-i-masu**	*je, tu... elles , on parle (-es, -ons, -ez, -ent)*
hanas-a-nai	**hanash-i-masen**	*je, tu... elles, on ne parle (-es, -ons -ez, -ent) pas*
hanash-i-ta	**hanash-i-mashita**	*j'ai, tu... elles, on (n'as...ont) ont parlé*
hanas-a-nakatta	**hanash-i-masen deshita**	*je n'ai... elles, on (n'as...n'ont) pas parlé*
hanas-ô	**hanash-i-mashô**	*parle, parlons*
hanash-i-te		[rôle syntaxique]

À noter certains verbes multibases ont un radical terminé par une voyelle, mais c'est suite à la disparition de la consonne terminale de leur base (cf § 20) :

Exemple › le verbe *penser* : le radical est **omo-**, anciennement **omow-** ou **omoh-**.

Les bases des verbes multibases ne constituent pas un système homogène. Il y a trois possibilités :
• la base ne s'emploie jamais seule : c'est le cas de la base en **-a**, qui sert exclusivement à recevoir le suffixe **-nai-/nakatta**
• la base ne s'emploie jamais avec un suffixe et constitue seule une forme : c'est le cas des bases en **-ô** et des bases en **-u** (une seule exception cf § 214)
• enfin la base reçoit le plus souvent des suffixes, mais peut aussi devenir une forme et s'employer seule, c'est le cas de la base en **-i** (cf § 350).

À noter la base en **-u** sert de « forme du dictionnaire » (cf § 12) pour les verbes multibases.

14 | Cas particulier des suffixes **-te** et **-ta**

Pour les verbes unibases, ils s'ajoutent directement à la base, comme les autres suffixes.

Pour les verbes multibases, ils s'ajoutaient primitivement à la base en **i**, mais l'évolution phonétique a engendré pour la majorité des verbes des formes irrégulières, soit par disparition de la consonne, soit par disparition de la voyelle **i**. Les suffixes eux-mêmes peuvent subir une transformation : **-ta** > **-da**, **-te** > **-de**.

• verbes dont le radical se termine par **k** : **...i-ta**, **...i-te**

Exemple › *écrire* **kak-u** > **kak-i** > **ka-i-ta**, **ka-i-te**

• verbes dont le radical se termine par **g** : **...i-da**, **...i-de**

Exemple › *nager* **oyog-u** > **oyog-i** > **oyo-i-da**, **oyo-i-de**

• verbes dont le radical se termine par **r**, **ts***, ou absence de consonne : **...t-ta**, **...t-te**

Exemples › *monter (dans un véhicule)* **nor-u** > **nor-i** > **not-ta**, **not-te**
attendre **mats-u** > **mach-i** > **mat-ta**, **mat-te**
penser **omo-u** > **omo-i** > **omot-ta**, **omot-te**

***Rappel** selon la voyelle qui la suit, la consonne dentale **t** se prononce de diverses façons : **t** devant **a**, **e**, **o** : **ts** devant **u**, **ch** devant **i**.

• verbes dont le radical se termine par **n**, **m** ou **b** : **...n-da**, **...n-de**

Exemples › *mourir* **shin-u** > **shin-i** > **shin-da**, **shin-de**
boire **nom-u** > **nom-i** > **non-da**, **non-de**
se distraire **aso-bu** > **aso-bi** > **ason-da**, **ason-de**

Seul cas de régularité :
• les verbes dont le radical se termine par **s/sh**

Exemple › *parler* **hanas-u** > **hanash-i** > **hanash-i-ta**, **hanash-i-te**

15 | Verbes irréguliers

Ils ne présentent que de très faibles irrégularités par rapport aux autres verbes. C'est souvent une seule de leurs formes qui s'écarte du modèle standard.

16 | Le verbe **suru** *faire*

Il varie sur le modèle des verbes unibases en **-iru**. Sa base unique est **shi-**. La seule irrégularité est la forme **suru**, degré moins atemporel.

DEGRÉ MOINS	DEGRÉ MOYEN	
suru	**shi-masu**	*je (...elles) fais (...font), on fait*
shi-nai	**shi-masen**	*je (...elles) ne fais (...font) pas, on ne fait pas*
shi-ta	**shi-mashita**	*j'ai... (elles ont) fait, on faisait*
shi-nakatta	**shi-masen deshita**	*je (...elles) n'(ai... ont) pas fait, on ne faisait pas*
shi-yô	**shi-mashô**	*fais, faisons*
shi-te		[rôle syntaxique]

Ce verbe **suru** occupe une place particulière. Une grande partie des verbes japonais sont formés à partir d'un nom sino-japonais (cf § 122) suivi de **suru**, qui joue alors un rôle de suffixe :

Exemples › **benkyô-suru** *étudier* (litt. : *étude faire*)
shuppatsu-suru *partir* (litt. : *départ faire*)
setsumei-suru *expliquer* (litt. : *explication faire*)
shinpai-suru *s'inquiéter* (litt. : *inquiétude faire*)

17 | Le verbe **kuru** *venir*

Il varie en grande partie sur le modèle des verbes unibases en **-iru**.

Deux irrégularités :
– la forme **kuru** pour le degré moins atemporel
– l'existence de deux bases : une base **ko-** pour les suffixes **-nai**, **-nakatta**, et la forme en **-yô**, une base **ki-** pour les autres suffixes.

DEGRÉ MOINS	DEGRÉ MOYEN	
kuru	**ki-masu**	*je* (...elles) viens... viennent, on*
ko-nai	**ki-masen**	*je (...elles) ne viens (...viennent) pas, on*
ki-ta	**ki-mashita**	*je suis (...elles sont) venu(es), on*
ko-nakatta	**ki-masen deshita**	*je ne suis (...elles ne sont) pas venu(es), on*
ko-yô	**ki-mashô**	*viens, venons*
ki-te		[rôle syntaxique]

*Ce verbe désignant le mouvement qui vient vers le locuteur est rarement employé pour la première personne.

18 | Le verbe **iku** *aller*

L'irrégularité se produit lors de l'adjonction des suffixes **-ta** et **-te**. La base de ce verbe se terminant en **k-**, on attendrait une terminaison en **-ite**, **-ita** (cf §14). Or les formes obtenues sont **it-te** et **it-ta**.

DEGRÉ MOINS	DEGRÉ MOYEN	
ik-u	**ik-i-masu**	*je (...elles) vais (... vont), on*
ik-a-nai	**ik-i-masen**	*je (...elles) ne vais (...vont) pas, on*
it-ta	**ik-i-mashita**	*je suis (...elles sont) allé(es), on*
ik-a-nakatta	**ik-i-masen deshita**	*je ne suis (...elles ne sont) pas allé(es), on*
ik-ô	**ik-i-mashô**	*va, allons*
it-te		[rôle syntaxique]

19 | <u>Le verbe **aru** *se trouver/exister*</u>

Le verbe **aru** varie selon le modèle des verbes multibases. Irrégularité : sa forme négative degré moins est constituée directement du suffixe de négation **-nai**, **-nakatta**, à l'origine adjectif, dont le sens est *être non-existant*.

Exemple › **kyô wa tenpura ga nai no**

aujourd'hui tempura n'est-pas-existante

Il n'y a pas de tempura aujourd'hui ?

DEGRÉ MOINS	DEGRÉ MOYEN	
ar-u	**ar-i-masu**	*se trouve(nt), existe(nt)*
nai	**ar-i-masen**	*ne se trouve(nt) pas, n'existe(nt) pas*
at-ta	**ar-i-mashita**	*se trouvai(ent), existai(ent)*
nakatta	**ar-i-masen deshita**	*ne se trouvai(ent) pas , n' existai(ent) pas*
(arô)*	**(ar-i-mashô)***	
at-te		[rôle syntaxique]

*Ces formes sont rares et possibles uniquement dans des expressions composées.

Ce verbe s'emploie normalement uniquement dans le cas d'objets inanimés. Il exprime l'existence d'un objet dans un certain lieu. Selon les cas, ce qui importe c'est soit l'existence soit la localisation :

existence :

Exemple › **tôkyô ni chikatetsu wa arimasu ka - hai. arimasu**

Tôkyô métros existent - oui existent

Il y a des métros à Tôkyô ? Oui, il y en a.

localisation :

Exemple › **jidôsha wa garêji ni arimasu**

voiture garage se-trouve

La voiture est dans le garage.

Il est employé exceptionnellement pour un objet animé lorsqu'il s'agit d'exprimer l'existence indépendamment de toute localisation concrète.

Exemple › **ane ni wa kodomo ga san-nin arimasu**

sœur-aînée enfants trois-personnes se-trouvent

Ma sœur ainée a trois enfants.

On rencontre souvent cet emploi lors de la présentation d'un personnage au début d'un conte.

Exemple › **mukashi, mukashi, mokichi to iu tetsubô .uchi ga arimashita**

autrefois autrefois Mokichi s'appelle forgeron existait

Il était une fois un forgeron qui s'appelait Mokichi.

20 | Il existe quelques verbes unibases dont le radical ne se termine pas par une consonne, ou plus exactement « ne se termine plus » par une consonne, qui a existé jadis et qui a pu être soit **w** soit **h**. Le **w** ou **h** a disparu, sauf pour la base en **-a** où ressurgit un **w**.

DEGRÉ MOINS	DEGRÉ MOYEN	
uta-u	**uta-i-masu**	*je (…elles) chante(…nt), on*
utaw-a-nai	**uta-i-masen**	*je ne (…elles) chante(…nt) pas, on*
utat-ta	**uta-i-mashita**	*j'ai (…elles ont) chanté, on*
utaw-a-nakatta	**uta-i-masen deshita**	*je n'ai (…elles n'ont) pas chanté, on*
uta-ô	**uta-i-mashô**	*chante, chantons*
utat-te		[rôle syntaxique]

21 | Le degré plus des verbes

Il s'emploie dans des cas où la relation entre les interlocuteurs est asymétrique. Un des deux interlocuteurs devant marquer à l'autre du respect et de la déférence, par exemple dans des relations de travail ou lors d'une première rencontre avec un inconnu. Le degré plus n'est utilisé que par le locuteur qui doit marquer sa déférence.

Par rapport aux deux autres degrés, la caractéristique du degré plus est de nécessiter deux séries de formes :
– celles par lesquelles le locuteur déférent parle de celui auquel il veut marquer du respect, soit en s'adressant directement à lui soit en parlant de lui à une tierce personne, correspondant donc à vous ou *M. /Mme X, il(s)/elle (s)*.
– celles par lesquelles le locuteur déférent parlera de lui-même correspondant donc à *je/nous*.
Dans les deux cas le *vous/il(s)/elle(s)* et le *je/nous* doivent être pris dans un sens extensif, incluant d'une part l'interlocuteur respecté et tout son entourage (famille, partenaires de travail…), d'autre part le locuteur déférent et tout son entourage.

22 | Il existe deux manières de former le degré plus selon qu'il s'agit des verbes les plus usuels, ou de l'ensemble des autres verbes.

23 | Les verbes les plus usuels sont remplacés par un autre verbe :

Exemple › degré moyen : **otôsan wa imasu ka**

ton-père se trouve

Ton papa est là ?

degré plus : **watanabe-san wa irasshaimasu ka**

M.Watanabe se trouve

Est-ce que M. WATANABE est là ?

Ce n'est pas un système complet. Certains verbes ont les deux versions *vous* et *je*, d'autres n'en ont qu'une, soit vous soit *je*.

Exemple › *J'irai demain sans faute.*

degré moyen :
ashita kanarazu ikimasu
demain sans-faute j'irai

degré plus (*je*) :
ashita kanarazu mairimasu
demain sans-faute j'irai

degré plus (*vous*) :
sensei mo irasshaimasu ka
professeur vous-allez
Est-ce que vous y allez aussi, professeur ?

VERBE AU DEGRÉ MOINS	DEGRÉ PLUS *vous/il(s)/elle(s)**	DEGRÉ PLUS *je/nous**
aru *exister, se trouver (inanimés)*		**gozaru**
da [actualisateur]	**de irassharu**	**de gozaru**
iku *aller*	**irassharu**	**mairu**
kuru *venir*	**irassharu**	**mairu**
suru *faire*	**nasaru**	**itasu**
iu *dire, s'appeler*	**ossharu**	**môsu**
miru *regarder*	**go-ran ni naru**	**haiken suru**
shiru *savoir, connaître*	**go-zonji desu**	**zonjiru/ zonji.ageru**
kureru *donner***	**kudasaru**	
ageru *donner***		**sashiageru**
taberu *manger*	**meshiagaru**	
nomu *boire*	**meshiagaru**	
morau *recevoir* **		**itadaku**
au *rencontrer*		**o me ni kakaru**
tazuneru *rendre visite*		**ukagau**
kiku *demander*		**ukagau**

* Les verbes sont cités ici sous leur forme dite de « dictionnaire » (cf § 12), par commodité ils sont traduits par un infinitif.

** voir le fonctionnement particulier de ces verbes § 248 à 250.

À part les équivalents de **shiru** (nom + actualisateur et deux verbes unibases), tous les verbes de remplacement sont multibases. Les verbes de degré plus sont toujours utilisés avec les formes de degré moyen des suffixes. Mais certaines contraintes syntaxiques exigent un degré moins du verbe. Ce peut être aussi le cas de formules figées. Les suffixes des verbes de degré plus, étant les mêmes que pour tous les autres verbes, présentent donc les deux ensembles de formes : degré moins et degré moyen (cf § 10).

24 | Cinq des verbes terminés en **-aru : gozaru, irassharu, nasaru, ossharu, kudasaru** présentent une irrégularité : ils perdent le **r** pour leur base en **-i** :

Exemples › avec l'adjonction du suffixe **-masu** :
gozaru > goza-i-masu, irassharu > irassha-i-masu, nasaru > nasa-i-masu, ossharu > ossha-i-masu, kudasaru > kudasa-i-masu.

25 | Pour les verbes qui n'ont pas ces verbes de remplacement :
• on construit une forme de degré plus correspondant à *vous/il(s)/elle(s)* en faisant précéder le verbe d'un préfixe **o-** et en faisant suivre la base des verbes unibases ou la base en **-i** des verbes multibases de la particule **ni** et du verbe **naru** à une forme de degré moyen (sauf cas évoqués plus haut (cf § 23).
verbes unibases :
dekakeru *sortir de chez soi* > **o-dekake ni narimasu**

verbes multibases :
kaeru *rentrer chez soi* > **o-kaeri ni narimasu**

Exemples › **itsu tôkyô ni o-tsuki ni narimashita ka**
quand Tôkyô vous-êtes-arrivé
Quand êtes-vous arrivé à Tôkyô ?
kesa no shinbun o o-yomi ni narimashita ka
ce-matin journaux vous-avez-lu
Avez-vous lu les journaux de ce matin ?

• on construit une forme de degré plus correspondant à *je/nous* en faisant précéder le verbe d'un préfixe **o-** (**go-** dans le cas des verbes composés d'un nom sino-japonais et de **suru** (cf § 16) et en faisant suivre directement la base des verbes unibases ou la base en **-i** des verbes multibases du verbe **suru** ou de son équivalent degré plus **itasu** à une forme de degré moyen, sauf cas de contrainte syntaxique (cf § 23).

Exemples › **ashita kanarazu o-todoke shimasu/itashimasu**
demain sans-faute je-vous-fais-parvenir
Je vous livrerai demain sans faute.

mata go-renraku-shimasu/itashimasu
de-nouveau contact je-fais
Je reprends bientôt contact avec vous.

Sec. 2 › **DÉVELOPPEMENT DE LA PHRASE À NOYAU VERBE**

26 | La phrase simple à noyau verbe se développe par adjonction de compléments, toujours placés devant le verbe. Ces compléments peuvent être :
– des noms ou équivalents de noms (cf Partie 2, Chapitres 1, 2, 3, 4)
– des adverbes ou expressions adverbiales (cf Partie 2, Chapitre 6)
Utilisé comme complément, un nom (ou équivalent) doit être suivi d'une particule qui indique sa fonction. Ne font exception qu'un petit nombre de noms permettant de situer un procès dans le temps (cf § 44 à 46) et quelques mots interrogatifs (cf § 165).

A. LES PARTICULES MARQUANT UNE FONCTION SYNTAXIQUE

27 | Une particule est un petit mot d'une ou deux syllabes, qui sert à indiquer la fonction syntaxique assurée par un complément. « Complément » doit être entendu au sens littéral, comme tout élément extérieur au verbe, servant à « compléter » ce que le verbe exprime. Selon que ces éléments sont nécessaires à l'accomplissement du procès, ou facultatifs car exprimant diverses circonstances, les particules se répartissent entre particules de premier cercle et particules de second cercle. Le nombre de particules utilisées par la langue japonaise pour marquer les fonctions syntaxiques est très réduit. La même particule est donc employée à des fins diverses et peut se retrouver en premier ou second cercle. Mais ses conditions d'emploi sont alors différentes selon la fonction qu'elle assume, différente aussi la place qu'elle affecte, dans le déroulement de la phrase, au mot qu'elle suit. Dans tous les cas, on ne peut pas trouver la même particule répétée, avec la même fonction syntaxique, dans la même phrase.

Particules de premier cercle

28 | Un premier cercle de compléments est formé des éléments dont la présence est requise par le sens du verbe. Ils sont nécessaires à l'accomplissement du procès et donc à son expression.

29 | La particule **o**

Avec les verbes exprimant une action portant sur un objet, la particule **o** indique l'objet sur lequel porte l'action.

Exemple › **kinô bôenkyô o kaimashita**

hier télescope j'ai-acheté

Hier j'ai acheté un télescope.

Cet emploi concerne un très grand nombre de verbes. Cf aussi le cas particulier de certains verbes de déplacement § 36.

30 | La particule **ni**

Cette particule a de nombreux emplois qui peuvent être réunis en une valeur unique : le point de contact.

• **ni** marque le lieu où se trouve un objet ou une personne. Cet emploi concerne surtout les deux verbes **iru** et **aru** qui expriment soit l'existence soit la localisation : *exister* ou *se trouver* (*à tel endroit*). **iru** est utilisé pour les êtres animés et **aru** pour les objets inanimés (cf cas particulier § 19).

Exemples › **ueno dôbutsuen ni panda ga imasu**

ueno zoo pandas se-trouvent

Au zoo d'Ueno, il y a des pandas.

eki wa asoko ni arimasu

gare là-bas se-trouve

La gare est là-bas.

• Pour tous les verbes exprimant une action aboutissant à un contact le mot qui exprime celui-ci est suivi de **ni**. Il peut s'agir :

a) du but d'un déplacement :

Exemples › **maiasa pûru ni ikimasu**

chaque-matin piscine je-vais

Je vais tous les matins à la piscine.

tôtô hoteru ni tsukimashita

enfin hôtel nous-sommes-arrivés

Nous sommes enfin arrivés à l'hôtel.

Principaux verbes concernés : **iku** *aller*, **kuru** *venir*, **tsuku** *arriver*, **deru** *sortir vers*, **hairu** *entrer dans*, **kaeru** *revenir (chez soi)*, **modoru** *revenir (sur ses pas)*, **ochiru** *tomber*...

b) d'une prise d'appui :

Exemple › **posutâ o kabe ni harimasu**

affiches mur il-colle

Il colle des affiches sur le mur.

Principaux verbes concernés : **kakeru** *accrocher*, **haru** *coller*, **tomaru** *faire halte*, **kaku** *écrire/dessiner*, **yoru** *s'appuyer sur*, **koshikakeru** *s'asseoir*, **tsukeru** *attacher*...

c) d'une personne destinataire d'une action :

Exemple › **furansujin ni nihongo o oshiemasu**

personnes-françaises langue-japonaise elle-enseigne

Elle enseigne le japonais à des Français.

Principaux verbes concernés : **iu** *dire*, **okuru** *envoyer*, **oshieru** *enseigner*, **setsumei-suru** *expliquer*, **shôkai-suru** *présenter*... et les verbes de don (cf § 37 et 248 à 250).

31 | Le but d'un déplacement peut aussi être une action, exprimée par un nom ou par un verbe.

nom :

Exemple › **maiasa kaimono ni ikimasu**

chaque-matin courses je-vais

Tous les matins je vais [faire des] courses.

verbe :

Exemple › **tonari no kodomo ga yoku asobi ni kimasu**

voisinage enfants souvent jouer viennent

Les enfants des voisins viennent souvent jouer.

C'est le seul cas où il est possible d'employer directement comme complément une forme verbale. Les formes utilisées sont la base unique pour les verbes unibases, et la base en **-i** pour les verbes multibases. Cette construction se rencontre le plus souvent avec les verbes **iku** *aller* et **kuru** *venir*.

Exemples › **eiga o mi* ni ikimashô**

cinéma regarder allons

Allons au cinéma. (litt. : *allons regarder du cinéma*)

(*__mi__, base unique du verbe unibase **miru** : *regarder*)

maiasa neko ni esa o yari* ni kimasu

chaque-matin chat nourriture donner ils-viennent

Ils viennent tous les matins nourrir mon chat.

(litt. : *donner de la nourriture à*)

(*__yari__, base en **-i** du verbe multibase **yaru** *donner*)

32 | Cas du verbe **naru** *devenir*

Le verbe **naru** qui sert à exprimer une évolution, un changement, demande toujours un complément. Si celui-ci est un nom, il est le plus souvent suivi de **ni**.

Exemple › **tanabe-san no musuko wa isha ni narimashita**

M.Tanabe fils médecin est-devenu

Le fils de TANABE est devenu médecin.

Cependant, il existe aussi une construction qui utilise une particule **to**, dans un contexte plus abstrait, par exemple une opération arithmétique, ou pour marquer le caractère inattendu d'un changement.

Exemples › **hachi tasu go wa jû-san to narimasu**

huit on-ajoute cinq treize deviennent

Huit plus cinq font treize. (litt. : *deviennent treize*)

yume ga genjitsu to natta

rêve réalité est-devenu

Mon rêve est devenu réalité.

À noter **ni naru** comme **to naru** sont utilisés très souvent comme substituts de **da**. L'actualisateur **da** affirme de façon péremptoire. On préfèrera tempérer ce caractère par l'utilisation de formules plus souples (cf § 106 à 108), ou en lui substituant **ni naru/to naru** :

Exemples › **o-kaikei wa sen go-hyaku en ni narimasu**

votre-addition mille cinq-cents yens devient

Votre addition se monte à mille cinq cent yens.

donichi saijitsu wa teikyûbi to narimasu

samedi-dimanche jours-fériés jours-de-congé deviennent

Samedi, dimanche et jours fériés sont des jours de congé.

33 | La particule **ga**

• Pour certains verbes exprimant la qualité d'un objet, le mot exprimant l'objet-support de cette qualité est suivi d'une particule **ga**. Ces verbes sont en nombre limité : **dekiru** *être possible*, **wakaru** *être compréhensible*, **mieru** *être visible*, **kikoeru** *être audible*.

Exemples › **nihon-go ga dekimasu ka**

langue-japonaise est-possible

Est-ce que vous parlez japonais ? (litt. : *le japonais est-il possible*)

oto ga kikoemasu ka

bruit est-audible

Est-ce que vous entendez un bruit ? (litt. : *un bruit est-il audible ?*)

• La qualité constatée pouvant être l'existence, la particule **ga** suit l'objet ou la personne dont un verbe d'existence sert à constater la présence. Ce sont les verbes **aru** (pour les objets inanimés cf § 19) et **iru** (pour les êtres animés) *se trouver/exister*.

Exemples › **yama ni yuki ga arimasu**

montagne neige existe

Il y a de la neige en montagne.

ribingu ni kodomo ga imasu

salle-de-séjour enfants se-trouvent

Il y a des enfants dans la salle de séjour.

34 | La particule **to**

La particule **to** a plusieurs emplois, qui ont tous pour point commun l'idée de l'établissement d'une relation.

• mise en relation pour comparer : **to** marque l'objet ou la personne qui est le point de référence de la comparaison.

Exemple › **nihon-ryôri wa chûka-ryôri to zenzen chigaimasu**

cuisine-japonaise cuisine-chinoise absolument est-différente

La cuisine japonaise est tout à fait différente de la cuisine chinoise.

Verbes concernés : **kuraberu/hikaku-suru** *comparer*, **chigau** *être différent*...

• établissement d'une relation impliquant réciprocité.

Exemple › **tomodachi to yoku hanashi.aimasu**

amis souvent je-discute

Je discute souvent avec mes amis.

Verbes concernés : **hanashiau** *discuter*, **hanasu** *parler*, **kenka-suru** *se disputer*, **kekkon-suru** *se marier*...

35 | Cas des verbes de déplacement
Ils exigent l'expression du but du déplacement. Il y a trois constructions possibles :
- avec la particule **ni** (cf § 30)
- avec la particule **e**
- avec la particule **made** (cf § 43).

Dans l'usage la différence est peu perceptible entre les deux particules **e** et **ni**. **e** insiste sur la direction prise par le mouvement et sur le mouvement en tant que tel. **ni** marque précisément le lieu qui est le but du déplacement. C'est le choix personnel du locuteur d'insister sur l'un ou l'autre de ces éléments. La particule **made**, elle, précise la limite extrême du déplacement : *jusqu'à*.
La même situation : *aller à la gare* peut selon le choix du locuteur s'exprimer de trois façons :

Exemples › **eki ni ikimasu / eki e ikimasu/eki made ikimasu**
gare je-vais gare je-vais gare je-vais
Je vais à la gare. / Je vais à (vers) la gare. / Je vais (jusqu')à la gare.
eki made hashirimashita
gare jusqu'à il-a-couru
Il a couru jusqu'à la gare.

36 | Certains verbes de déplacements présentent aussi une construction avec la particule **o** et incluent alors dans leur sens celui de *parcourir*. Il s'agit d'exprimer les limites du parcours dans lequel se fait ce déplacement, souvent en même temps que la modalité de ce déplacement.
Exemples › **kono michi o massugu ikimasu**
ce chemin tout-droit vous-parcourez
Vous prenez ce chemin tout droit.
hodô o arukimashô
trottoir parcourons-en-marchant
Marchons sur le trottoir.
Verbes concernés : **iku** *aller*, **aruku** *marcher*, **hashiru** *courir*...

37 | Certains verbes peuvent nécessiter deux compléments de premier cercle. Ce sont les verbes dits « de don » (cf § 248 à 250) qui nécessitent un objet et un destinataire. Le destinataire est marqué par la particule **ni** et l'objet par la particule **o**.

Exemple › **kodomo ni omocha o agemashita**

enfants jouets j'ai-donné

J'ai donné des jouets aux enfants.

Particules de second cercle

38 | Le second cercle de compléments est formé des indications circonstancielles. Il s'agit d'éléments qui ne font pas partie intégrante de l'expression du procès, mais en précisent certaines circonstances. La plupart des particules de premier cercle peuvent aussi assumer un emploi de particules de second cercle. Mais l'appartenance à l'un ou l'autre cercle conditionne la place du complément dans la phrase (cf § 48 et 49).

39 | La particule **ga**

Lorsqu'il s'avère nécessaire pour la compréhension de préciser l'actant d'une action ou le support d'un état, le mot qui l'exprime est suivi de la particule **ga**. Mais l'emploi de cette particule est soumis à une contrainte particulière : il faut que le locuteur pense que l'actant ou l'objet en question n'est pas encore présent dans l'esprit de l'interlocuteur et qu'il s'agit donc de le lui présenter. Par l'intermédiare de **ga** il fait son entrée dans le champ du dialogue ou de la narration.

Exemples › **otoko no hito ga mise ni hairimashita**

homme boutique est-entré

Un homme est entré dans la boutique.

chôsa ga shinten-shimasu

enquête avancée fait

Mon enquête avance.

sensei ga bideo o misemashita

professeur vidéos a-montré

Notre professeur nous a passé des vidéos.

40 | La particule **to**

Elle s'emploie pour désigner une personne partenaire de l'action.

Exemples › **kodomo to sanpo o shimashita**

enfants promenade j'ai-fait

J'ai fait une promenade avec les enfants.

kinô yasumijikan ni toshio-kun to asobimashita

hier récré Toshio j'ai-joué

Hier pendant la récré j'ai joué avec Toshio.

Elle est alors souvent employée combinée avec l'expression adverbiale **issho ni** *ensemble* > **to issho ni** (litt. : *ensemble avec*).

Exemple › **kodomo to issho ni kaimono ni ikimashita**

enfants ensemble courses je-suis-allée

Je suis allée [faire] des courses avec les enfants.

41 | La particule **de**

Elle peut exprimer toute circonstance entourant une action :

- lieu où se déroule une action

Exemple › **kono kôjô de terebi o tsukurimasu**

cette usine télévision on-fabrique

Dans cette usine on fabrique des téléviseurs.

- moyen de locomotion

Exemple › **daigaku ni jitensha de ikimasu**

université vélo elle-va

Elle va en vélo à l'université.

- matière

Exemple › **tetsu de dekite imasu**

fer c'est-fait

C'est [fait] en fer.

- outil

Exemple › **kami o hasami de kirimasu**

papier ciseaux on-coupe

On coupe le papier avec des ciseaux.

• temps mis pour accomplir une action

Exemple › **san-jup pun de dekimashita**

trente minutes j'ai-terminé

J'ai terminé en trente minutes.

• nombre de personnes

Exemple › **san-nin de ikimashita**

trois-personnes nous-sommes-allés

Nous y sommes allés tous les trois.

• cause

Exemple › **kaze de ikimasen deshita**

rhume je-ne-suis-pas-allé

Je n'y suis pas allé à cause de mon rhume.

• prix

Exemple › **san-zen en de kaimashita**

trois-mille yens j'ai-acheté

Je l'ai eu pour trois mille yens.

42 | La particule **kara**

Elle marque un point de départ dans l'espace ou le temps.

Exemples › **furansu kara kimashita**

France elle-est-venue

Elle vient de France. (litt. : *est venue*)

jûgyô ga ku ji kara hajimarimasu

cours neuf heures commencent

Les cours commencent à [partir de] neuf heures.

À noter la même fonction était anciennement assurée par une particule **yori**, qui se retrouve encore parfois avec cet emploi, mais dont la fonction se réduit aujourd'hui à l'expression du comparatif dans une phrase à noyau adjectif (cf § 89).

43 | La particule **made**

Elle marque le point d'arrivée dans l'espace ou le temps.

Exemples › **uchi kara eki made basu de ikimashita**

maison gare bus nous-sommes-allés

Nous sommes allés en bus de chez nous à la gare.

raishû made tôkyô ni imasu

semaine-prochaine Tôkyô je-me-trouve

Je suis à Tôkyô jusqu'à la semaine prochaine.

La particule **made** peut s'employer combinée avec la particule **ni**. L'ensemble indique alors la date butoir (contact) avant laquelle une action devra être terminée.
raishû made ni dekimasu ka
semaine-prochaine c'est-possible
C'est possible d'ici à la semaine prochaine ?

44 | Cas de l'expression du temps 1 : la date
Les noms servant à indiquer des moments du temps et ne comportant pas d'indication numérique s'emploient sans particules, exception faite de **kara** et **made** (cf § 42 et § 43). Ce sont les noms correspondant à *aujourd'hui, hier..., cette semaine, le mois prochain, l'an dernier*, etc. (cf Annexe 1) et tous les composés avec le préfixe **mai-** *chaque, tous/toutes les.*

Exemples › **sengetsu doitsu ni ikimashita**
mois-dernier Allemagne je-suis-allé
Le mois dernier je suis allé en Allemagne.
maiasa joggingu o shimasu
chaque-matin jogging je-fais
Tous les matins je fais mon jogging.

Lorsqu'il s'agit d'un nom comportant une indication numérique, comme l'heure, le jour du mois, l'année, exprimant un point de contact dans le temps, il est suivi de la particule **ni**. C'est aussi le cas pour les jours de la semaine (cf Annexe 1).

Exemples › **densha ga <u>jû ji go-jup pun</u> ni tsukimasu**
train dix heures cinquante minutes arrive
Le train arrivera à dix heures cinquante.
<u>mokuyôbi</u> ni opera o mimashita
jeudi opéra j'ai-regardé
Jeudi j'ai assisté à un opéra.

Entrent dans cette catégorie les noms des mois, qui sont composés des chiffres de 1 à 12 et du mot **gatsu** *mois* : **ichigatsu** *janvier*, **nigatsu** *février*... (cf Annexe 1).
Exemple › **<u>kugatsu</u> ni ryokô ni demasu**
septembre voyage je-pars
Je vais faire un voyage en septembre.

45 | Cas de l'expression du temps 2 : la durée

La durée est marquée par l'absence de particule, sauf cas de la particule **de** (cf § 41).

Exemples › **ni jikan eki de machimashita**

deux heures gare j'ai-attendu

J'ai attendu deux heures dans la gare.

ni nenkan igirisu de sugoshimashita

deux années Angleterre j'ai-passé

J'ai passé deux ans en Angleterre.

Dans le cas de son emploi avec le verbe **kakaru**, spécialisé pour indiquer une durée, le terme indiquant la durée se place directement devant ce verbe.

Exemple › **hikôki de yo jikan kakarimasu**

avion quatre heures cela-prend

En avion cela prend quatre heures.

46 | Les noms de saisons, **haru** *printemps*, **natsu** *été*, **aki** *automne*, **fuyu** *hiver*, offrent les deux possibilités : emploi de **ni** ou absence de particule : ou bien la saison est considérée comme une date, ou bien elle est considérée comme une durée.

Exemples › **fuyu ni wa kaji ga ooi desu**

hiver incendie sont-nombreux

En hiver il y a de nombreux incendies.

fuyu yoku sukî o shimasu

hiver souvent ski je-fais

En hiver (pendant tout l'hiver) je fais beaucoup de ski.

47 | Les expressions de temps peuvent être rendues imprécises par l'adjonction d'un suffixe :

• du suffixe **-goro** pour la date ou la durée. C'est toujours possible pour tous les noms comportant une indication numérique, et exceptionnellement pour les autres.

Exemple › **san ji goro ni kimasu**

trois heures environ je-viens

Je viendrai vers trois heures.

• du suffixe **-gurai** pour la durée

Exemple › **ni jikan gurai yama o arukimashita**

deux heures environ montagne j'ai-parcouru-en-marchant

J'ai marché à peu près deux heures en montagne.

B. ORDRE DES MOTS

48 | L'ordre dans lequel se succèdent les compléments devant le verbe est quasi fixe. Il y a peu de liberté.

a) Le verbe est toujours en position finale. Il n'y a aucune exception à cette règle. C'est ce qui a pu être observé dans tous les exemples cités précédemment.

b) Viennent juste avant lui le complément de premier cercle (cf § 28 à 37) ou les deux compléments de premier cercle dans le cas des verbes « de don » (cf § 37, 248 à 250). Dans ce dernier cas c'est le complément d'objet qui est le plus près du verbe.

Exemple › **tomodachi ni kozutsumi o okurimashita**

amie colis j'ai-envoyé

J'ai envoyé un paquet à une amie.

c) Les compléments du second cercle (circonstances) se placent avant les compléments de premier cercle.

Exemples › **kesa jû ji ni oisha-san ga kimashita**

ce-matin dix heures médecin est-venu

Le médecin est venu ce matin à dix heures.

kinô gakkô de tsutomu-kun ga nendo de sara

hier école Tsutomu argile assiette

o tsukurimashita

a-fabriqué

Hier à l'école, Tsutomu a fait une assiette en terre.

49 | L'organisation syntaxique se présente donc à trois niveaux :

a) en fin de phrase le verbe-noyau, porteur des marques de la relation au temps
b) directement relié(s) à lui, et placé(s) au plus près de lui : le(s) complément(s) de premier cercle commandé(s) par le sens du verbe
c) devant les compléments de premier cercle, ceux de second cercle précisant les circonstances : qui, où, quand, comment, avec qui...

L'ordre des compléments du second cercle n'est pas fixe. Il dépend tout d'abord du nombre de compléments employés, et de ce que le locuteur souhaite mettre en avant. On peut observer cependant quelques tendances :

– l'indication de date vient en général en tête

– les compléments suivis de **ga** ou de **de** sont en général les plus proches de l'ensemble formé par le verbe et son (ses) complément(s) de premier cercle, sans qu'il y ait un ordre fixe entre les deux.

– dans une phrase comportant **ga** et **to** l'ordre est de préférence **ga** puis **to**.

Exemple › **yamaguchi-san ga musume to ryokô ni demashita**

Mme-Yamaguchi fille voyage est-partie

Mme YAMAGUCHI est partie en voyage avec sa fille.

C. LES PARTICULES DE POINTAGE : **wa, koso, nanka, datte**

50 | La particule de pointage est une particule qui ne relève pas de la relation syntaxique de base unissant le verbe à ses compléments de premier et second cercle, mais qui assume un rôle particulier dans la phrase, consistant à pointer un élément. C'est un rôle qu'on peut qualifier de rhétorique.
Elle présente deux types d'emploi.
– elle peut suivre directement un nom et sert à pointer un élément préexistant à la phrase, dans le contexte linguistique ou extra-linguistique. Il s'agit du pointage fort.
– elle peut venir après un nom déjà suivi d'une particule de premier ou second cercle (ou un nom exprimant le temps) et sert alors à pointer un élément présenté dans la phrase. Il s'agit du pointage faible.
La particule de pointage par excellence est **wa**. Les autres particules citées sont d'un usage plus restreint.

51 | La particule **wa** suivant directement un nom : le pointage fort
Le rôle de **wa** est de pointer un élément déjà présent dans le contexte linguistique (le mot a déjà été dit ou écrit précédemment) ou le contexte extra-linguistique (la situation), pour en faire le thème du discours. Cet élément préexiste donc dans la conscience des deux acteurs de l'acte linguistique, ou il est supposé tel par le locuteur. L'expression « contexte extra-linguistique » doit être prise dans son sens le plus large : les éléments de la situation présente ou des éléments qui appartiennent à l'expérience ou aux connaissances des deux interlocuteurs. Cela inclut aussi l'ensemble des expériences ou connaissances qu'il est légitime de penser que possède toute personne d'un groupe, le groupe pouvant aller de la famille ou des amis à la nation ou à l'humanité entière.

L'ensemble ainsi formé [nom + **wa**] est toujours situé en tête de phrase. Et la phrase se trouve alors constituée de deux parties : le [nom + **wa**] qui est comme une sorte de titre : *voilà de quoi je vais parler*, et le bloc [verbe + compléments des deux cercles] : *voilà ce que j'ai à en dire*.

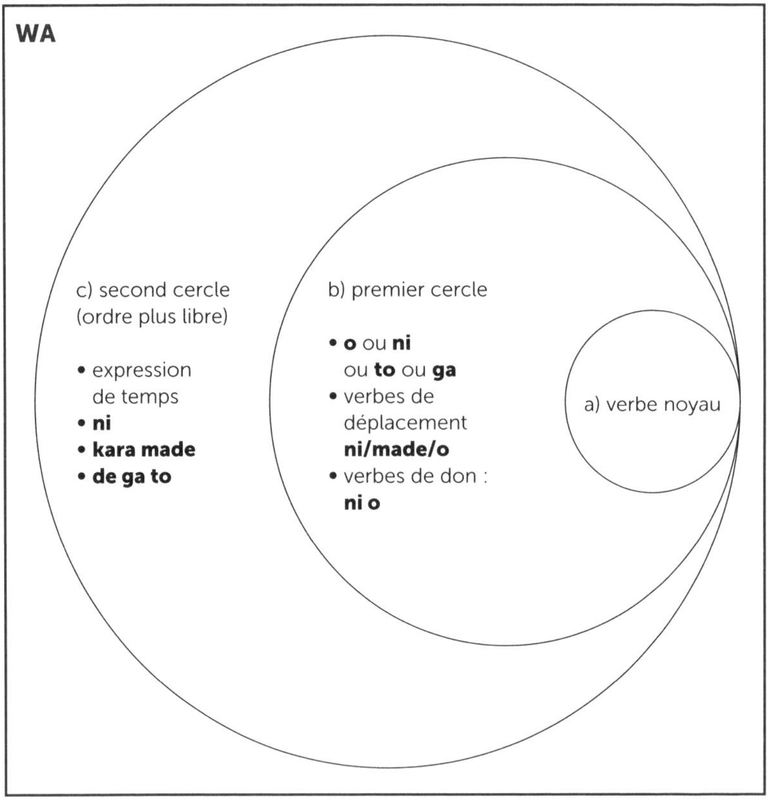

Contexte linguistique :

Exemples › **migi no kabe ni kagami ga kakatte imasu. miemasu ka.**

droite mur miroir est-accroché. est-visible

Sur le mur de droite il y a un miroir. Vous le voyez ?

kono kagami wa kyonen indo de kaimashita

ce miroir l'an-dernier Inde j'ai-acheté

Ce miroir je l'ai acheté en Inde l'année dernière.

Contexte extra-linguistique :

Exemples › **kono tatemono wa sen kyû-hyaku nen ni tateraremashita**

ce bâtiment mille neuf-cents année a-été-construit

Ce bâtiment [que vous voyez ici] a été construit en 1900.

yamaguchi rie-san wa sengetsu honoruru de kekkon-shimashita

Yamaguchi Rie mois-dernier Honolulu mariage a-fait

[notre amie] YAMAGUCHI Rie s'est mariée le mois dernier à Honolulu.

sake wa kome de tsukurimasu

saké riz-cru on-fabrique

On fait le saké à base de riz.

taiyô wa higashi kara noborimasu

soleil est monte

Le soleil se lève à l'est.

52 | La particule **wa** après un nom déjà suivi d'une particule de premier ou second cercle (ou un nom de temps) : pointage faible.

Son rôle est de pointer sur un ensemble [nom + particule] ou un nom de temps, pour l'extraire de la relation syntaxique de base, l'isoler des autres compléments afin de lui donner un relief particulier. L'ensemble ainsi constitué [nom + particule + **wa**] ou [nom de temps + **wa**] se situe le plus souvent en tête de phrase. Cette combinaison est possible avec les compléments de premier et second cercle à l'exception de **o** et **ga**. Les compléments comportant ces deux particules ne peuvent pas recevoir un pointage faible. Ils ne peuvent qu'être remplacés par un pointage fort.

Exemples › **kono machi ni wa mukashi kara takusan no gakkô ga arimasu**

cette ville autrefois beaucoup écoles se-trouvent

Dans notre (cette) ville, depuis très longtemps, il y a beaucoup d'écoles.

ano pen de wa kirei ni kakemasen

ce stylo proprement on-ne-peux-pas-écrire

Impossible d'écrire proprement avec ce stylo.

jû-ichi ji made wa machimasen

onze heures jusqu'à je-n'attendrai-pas

Je n'attendrai pas jusqu'à onze heures !

53 | <u>Cas des phrases négatives</u>
La négation n'est pas une simple variation morphologique. Elle fonctionne toujours par rapport à l'affirmation correspondante. Comme si préexistait une (des) possibilité(s) qui n'est (ne sont) pas réalisée(s). Il est donc normal que les constructions [nom + **wa**] et [nom + part + **wa**] (ou [nom de temps + **wa**]) soient largement utilisées dans les phrases négatives, puisqu'il y a référence à une situation extra-linguistique, même si elle n'est que virtuelle.

• [nom + **wa**]

Exemples › **nihon-go wa dekimasen**
langue-japonaise n'est-pas-possible
Je ne parle pas japonais.
(peut-être d'autres langues, mais pas celle-là.)

kono sêtâ wa kaimasen
ce pull je-n'achète-pas
Je ne prends pas ce pull.
(peut-être un autre pull ou autre chose, mais pas celui-là.)

• [nom + part + **wa**] (ou [nom de temps + **wa**])

Exemples › **kyô wa daigaku ni ikimasen**
aujourd'hui université je-ne-vais-pas
Je ne vais pas à l'université aujourd'hui.
(si je vais tous les jours à l'université ou bien si j'y vais d'habitude ce jour-là de la semaine.)

sukottolando made wa ikimasen deshita
Écosse jusqu'à nous-ne-sommes-pas-allés
Nous ne sommes pas allés jusqu'en Écosse.
(pendant notre voyage au Royaume-Uni nous sommes allés dans beaucoup d'endroits, mais pas jusqu'en Écosse.)

54 | Contrairement à ce qui se passe pour les particules de premier et de second cercle qui ne peuvent jamais être répétées dans la même phrase (cf § 27), il est possible de réaliser <u>dans la même phrase deux pointages forts, ou deux pointages faibles, ou un pointage fort et un pointage faible</u>.

Exemples › **oneesan wa kaimono wa amari suki de wa arimasen**
ma-sœur-aînée achats pas-tellement n'est-pas-aimé
Ma sœur aînée n'aime pas beaucoup faire des courses.

akita-ken de wa sakura wa mada saite imasen

Département-d'Akita cerisiers pas-encore ne-sont-pas-fleuris

Dans le département d'Akita, les cerisiers ne sont pas encore en fleurs.

abunai tokoro ni wa kodomo to wa ikimasen

est-dangereux lieu enfants je-ne-vais-pas

Je ne vais pas avec mes enfants dans les endroits dangereux.

55 | Du fait de sa fréquence dans les énoncés de la langue parlée, la particule **wa** de pointage fort y est très souvent supprimée. Le fait de situer un élément en tête de phrase suffisant à exercer un pointage.

Exemple › **kono kêki, oishii**

ce gâteau est-bon

Comme ce gâteau est délicieux !

56 | L'emploi du **wa** de pointage fort scinde la phrase en deux parties (cf § 51) ce qui permet de les inverser, seule exception aux principes de l'ordre des mots.

Exemples › **oishii, kono kêki wa**

Délicieux, ce gâteau !

Souvent ces deux possibilités sont combinées : suppression de **wa** et inversion.

oishii, kono kêki

57 | Autres particules de pointage

Trois particules peuvent être définies comme particules de pointage, avec les mêmes caractéristiques que **wa** : **koso, nanka** et **datte.**

58 | La particule **koso**

Cette particule, d'emploi plus rare, correspond au sens de *justement*, *exactement*, elle relève d'un style plutôt soutenu :

anata koso shichô ni narubeki da

toi justement maire doit-devenir

C'est exactement toi qui dois devenir maire.

59 | La particule **nanka**

Cette particule est utilisée exclusivement dans le langage parlé (litt. : *quoi ?*).

Exemples › **ano hito nanka daikirai**

ce être-humain est-détesté

Ce type, quoi ! je ne peux pas le voir !

boku ragubi nanka minai yo
moi rugby je-ne-regarde-pas
Moi, le rugby, je ne le regarde pas !

60 | La particule **datte**
Cette particule est utilisée exclusivement dans le langage parlé, litt. : *s'il s'agit de* (cf § 282).

Exemple › **watashi datte sonna koto dekinai wa yo**
moi s'il-s'agit-de une-telle chose n'est-pas-possible
Moi, je ne peux pas faire ça !

datte peut s'employer seul comme introducteur de phrase au sens de *mais* (litt. : *même si on dit ça*).

D. LES PARTICULES DE SURENCHÈRE : **mo, sae, (sura)**

61 | La particule **mo**
Comme la particule de pointage **wa**, elle ne relève pas de la relation syntaxique de base unissant le verbe à ses compléments de premier et second cercles, mais assume un rôle particulier dans la phrase, de type rhétorique. Son rôle est d'exprimer une surenchère, ce qui présuppose un élément déjà exprimé ou présent dans le contexte extra-linguistique (cf § 51) et qui sert de référence.

Elle présente deux types d'emploi :

– elle peut suivre directement un nom ou équivalent.
– elle peut venir après un nom ou équivalent déjà suivi d'une particule de premier ou second cercle. Comme pour **wa**, cette combinaison est possible avec les particules de compléments de premier et second cercles à l'exception de **o** et **ga** qu'elle remplace.

La particule de surenchère par excellence est **mo**. Les autres particules citées sont d'usage beaucoup plus restreint.

62 | On distingue trois cas :

• la surenchère se fait par rapport au même procès, ou à la même qualité. **mo** suit le terme sur lequel porte la surenchère :

Exemples › **kono dôbutsuen ni raion ga imasu. tora mo imasu**
ce zoo lions se-trouvent. tigres se-trouvent
Dans ce zoo il y a des lions. Il y a aussi des tigres.

furansu-ryôri ga suki desu. chûka-ryôri mo suki desu
cuisine-française est-aimée. cuisine-chinoise est-aimée
J'aime la cuisine française. J'aime aussi la cuisine chinoise.

kyôto e ikimashita. ôsaka e mo ikimashita
Kyôto nous-sommes-allés. Ôsaka nous-sommes-allés
Nous sommes allés à Kyôto. Nous sommes allés aussi à Ôsaka.

Les termes entre lesquels on veut instaurer cette relation de surenchère peuvent être cités dans la même phrase. Chaque terme, quel que soit le nombre, est alors suivi de **mo**.

Exemples › **kono dôbutsuen ni raion mo tora mo chîta mo imasu**
ce zoo lions tigres guépards se-trouvent
Dans ce zoo il y a des lions, des tigres et des guépards.

furansu-ryôri mo chûka-ryôri mo suki desu
cuisine-française cuisine-chinoise sont-aimées
J'aime la cuisine française et aussi la cuisine chinoise.

yamaguchi-san wa kyonen nihon ni mo chûgoku ni mo
Mme-Yamaguchi année-dernière Japon Chine
chibetto ni mo ikimashita
Tibet est-allée
Mme YAMAGUCHI est allée l'année dernière au Japon, en Chine, et au Tibet.

• la surenchère se fait entre des procès différents, mais appartenant à la même situation. **mo** suit le terme qui est support du procès ou de la qualité, mais la surenchère inclut la phrase entière :

Exemples › **ame ga futte ita. kaze mo fuite ita. kaminari mo todoroite ita. osoroshikatta desu**
pluie tombait. vent soufflait. tonnerre grondait. était-terrible
Il pleuvait. Il y avait aussi du vent. Et en plus le tonnerre grondait. C'était terrible.

yachin ga takai desu. heya mo semai desu. daidokoro mo
loyer est-élevé. pièces sont-petites. cuisine
fuben desu. yamemasu
est-incommode. j'abandonne
Le loyer est élevé. Les pièces sont petites. En plus la cuisine n'est pas pratique. J'abandonne.

• la surenchère s'accompagne d'un effet de surprise ou de sentiment d'exceptionnel.

Exemples › **sono kuni de hen na mono o tabemashita. mushi mo**
ce pays sont-bizarres choses j'ai-mangé. insectes
tabemashita
j'ai-mangé
Dans ce pays-là, j'ai mangé des choses bizarres. J'ai même mangé des insectes.
nichiyôbi ni hatarakimashita. jû jikan mo hatarakimashita
dimanche j'ai-travaillé. dix heures j'ai-travaillé
J'ai travaillé dimanche. J'ai même travaillé dix heures.
watashi wa eiga « sutando bai mî » ga suki desu.
moi film « Stand by me » est-aimé.
go kai mo mimashita
cinq fois j'ai vu
J'adore le film « Stand by me ». Je l'ai même vu cinq fois.

63 | Un ensemble constitué de la particule **de** suivie de la particule **mo** fonctionne comme une particule simple, avec deux emplois :

• surenchère avec effet de surprise ou d'exceptionnel :

Exemple › **kodomo demo sonna kantan na mondai wa**
enfant un-tel est-simple problème
kaiketsu-dekimasu yo
solution peut-faire
Même un enfant peut résoudre un problème aussi simple !

• ouverture de possibilités :

Exemple › **o-sushi demo omanjû demo oishii mono o motte koi**
sushi brioche-fourrée est-bon chose apporte-moi
Apporte-moi quelque chose de bon, des sushi, des brioches fourrées...

64 | <u>L'élément de référence n'est pas toujours exprimé</u>, soit qu'il appartienne au contexte extralinguistique immédiat, soit qu'il ait été déjà présenté dans le discours. De même dans le cas de **demo** pour les diverses possibilités ouvertes.

Exemples › **a, watanabe-san mo imasu**

Ah. M.Watanabe se-trouve-là

Tiens, WATANABE est là aussi.

atashi, kôhi demo ii wa

moi café est-bien

Pour moi un café ce sera parfait !

65 | <u>**sae**</u>

Comme **mo**, cette particule peut suivre directement un nom ou équivalent ou bien suivre une particule de premier ou second cercle sauf **ga** et **o**. Son emploi suppose une réalité du contexte extralinguistique qui sert de point de référence. Avec **sae**, la surenchère est toujours accompagnée d'un effet de surprise ou d'exceptionnel, sauf dans le cas d'une proposition exprimant l'hypothèse (cf § 371) où il prend une valeur de restrictif, avec un effet de regret.

Exemples › **sono toki hitobito wa ikiru hôkô sae mi.ushinatta**

cette époque les-gens vivre sens avaient-perdu

À cette époque les gens avaient perdu jusqu'au sens de leur vie.

o-kane sae areba, karuizawa ni bessô o kaimasu

argent si-j'avais Karuizawa villa j'achète

Si seulement j'avais de l'argent, j'achèterais une villa à Karuizawa.

66 | Une autre particule **sura**, d'emploi plus littéraire peut remplacer **sae**, sauf dans des propositions exprimant une hypothèse (cf § 65).

Exemple › **sono yûmei na sakka wa atashi no yô ni muchi na**

ce est-célèbre écrivain moi comme est-ignorant

hito sura shitte imasu

être-humain connaît

Même des gens ignorants comme moi connaissent ce célèbre écrivain.

Chap. 3 ›

LA PHRASE À NOYAU [NOM + ACTUALISATEUR]

67 | Une phrase peut s'organiser autour d'un nom, à condition que celui-ci soit accompagné de l'actualisateur **da** ainsi nommé parce que c'est lui qui porte les marques de degré et de rapport au temps. L'actualisateur présente les mêmes caractéristiques que le verbe : il existe dans trois degrés : moins, moyen et plus. Mais sa morphologie comporte de nombreuses irrégularités.

Sec. 1 ›

MORPHOLOGIE DE L'ACTUALISATEUR

68 | Pour les degrés moins et moyen, la construction des formes diffère selon qu'elles sont affirmatives ou négatives. Les formes affirmatives sont construites, comme pour les verbes, par l'adjonction de suffixes ou l'emploi du radical seul. Les suffixes sont les mêmes que dans le cas des verbes (cf § 10). Il y a une alternance entre deux radicaux : **da/de** pour le degré moins et **des-/desh-** pour le degré moyen (rappel : la consonne sifflante est **s** devant **a**, **e**, **o**, **u**, mais **sh** devant **i**). Au degré moyen, la morphologie de l'actualisateur se rapproche de celle des verbes multibases (cf § 13) : les suffixes s'ajoutent à une base constituée du radical terminé par une consonne, auquel s'ajoute une voyelle. Seules trois voyelles sont employées : **-u**, **-i**, **-ô**. Les bases en **-u** et **-ô** sont utilisées de façon autonomes comme formes. La base en **-i** ne sert qu'à recevoir un suffixe.

Il existe un doublet de **da** : **de aru** (pour **aru** cf § 19). Ce doublet s'utilise en langage écrit dans les mêmes conditions que **da**. C'est lui qui fournit les formes négatives, avec, habituellement, l'insertion de la particule **wa** entre **de** et la forme négative de **aru**.

À noter ce doublet est la seule forme possible dans certaines structures de détermination (cf § 291).

	DEGRÉ MOINS	DEGRÉ MOYEN
affirmation	**da**	**des-u**
négation	**de wa* nai**	**de wa* ari-masen**
passé ou accompli	**dat-ta**	**desh-i-ta**
négation du passé	**de wa nakatta**	**de wa arimasen desh-i-ta**
conjecture	**da-rô**	**desh-ô**
[rôle syntaxique]	**de**	**desh-i-te****

* dans la langue parlée, **de wa** est souvent contracté en **ja** : **de wa nai** > **ja nai**.
** forme ancienne, réservée à un style littéraire ou un discours dans un style soutenu.

69 | Le degré plus de l'actualisateur
Comme pour les verbes (cf § 21 à 23), il y a deux formes différentes selon que le locuteur parle à ou de quelqu'un à qui est dû le respect (ou son entourage), ou qu'il parle de lui-même (ou son entourage). Pour la variation cf § 24.

actualisateur	degré plus *vous*	degré plus *je/nous*
da	**de irassharu***	**de gozaru***

* Les verbes sont cités ici sous leur forme dite « de dictionnaire » (cf § 12).

70 | Forme particulière de l'actualisateur : **na**
L'actualisateur **da** possède une forme **na** qui s'emploie dans divers cas de structures déterminantes (cf § 221 et 292). Cette forme **na** est une trace en langue moderne de **nari**, l'actualisateur de la langue ancienne.

Sec. 2 › DÉVELOPPEMENT DE LA PHRASE À NOYAU [NOM + ACTUALISATEUR]

71 | L'ensemble [nom + actualisateur] sert à exprimer une caractéristique d'un objet, d'une personne, d'une situation. Le seul autre élément possible pour construire la phrase est l'élément à propos duquel cette caractéristique est exprimée.

Cet élément, représentant obligatoirement un objet / personne / situation déjà connu par sa présence dans le contexte linguistique ou extralinguistique (cf § 51) et simplement rappelé, est donc suivi de la particule **wa** de pointage fort.

Exemples › **ano tatemono wa bijutsukan desu**

ce-là-bas bâtiment musée-d'art c'est

Ce bâtiment là-bas c'est un musée.

fuji-san wa kazan desu

Fuji-mont volcan c'est

Le mont Fuji est un volcan.

yamaguchi-san wa isha desu

Mme-Yamaguchi médecin c'est

Mme YAMAGUCHI est médecin.

shakaigaku wa ningen shakai no kenkyû desu

sociologie êtres-humains société recherche c'est

La sociologie est l'étude des sociétés humaines.

72 | Le plus souvent, l'élément pouvant être pointé par **wa** étant connu, il n'est pas repris.

Exemples › **hai, bijutsukan desu**

oui musée c'est

Oui c'est un musée.

isha desu

médecin c'est

Elle est médecin.

ima shakaigaku o benkyô-shite imasu. ningen shakai no

maintenant sociologie étude je-fais êtres-humains société

kenkyû desu

recherche c'est

Actuellement, j'étudie la sociologie. C'est l'étude des sociétés humaines.

73 | Le terme « caractéristique » doit être pris dans le sens le plus large : c'est tout élément pouvant concourir à l'identification, à la délimitation, à la précision de l'objet / personne / situation.

Exemples › **watashi wa kôhi desu**

moi café c'est

Pour moi, ce sera un café.

nara wa ashita desu

Nara demain c'est

[la visite de] Nara c'est pour demain.

uchi no musuko wa mada yôchien desu

maison fils encore maternelle c'est

Notre fils est encore au jardin d'enfant.

74 | Un cas particulier de construction : l'élément à propos duquel la caractéristique est exprimée est suivi de **ga**. La construction usuelle d'une phrase à noyau [nom + actualisateur] est : [nom + **wa** + nom + **da**]. En terme d'information, on peut dire que l'ensemble [nom + **wa**] n'est qu'un rappel et que c'est l'ensemble [nom + **da**] qui contient une information nouvelle.

Dans la construction avec [nom + **ga**], les données sont inversées. L'information connue et simplement rappelée est celle exprimée par [nom + **da**] et c'est le groupe [nom + **ga**] qui apporte l'information nouvelle :

Exemples › **migi no hito ga Tanabe-san desu**

droite être-humain M.Tanabe c'est

C'est l'homme de droite qui est M. TANABE.

monburan ga furansu no ichiban takai yama desu

mont-Blanc France le-plus est-haute montagne c'est

C'est le mont Blanc qui est la plus haute montagne française.

Chap. 4 ›

LA PHRASE À NOYAU ADJECTIF

75 | On distingue deux catégories d'adjectifs :
– les adjectifs en **-i**, dont les formes varient de façon très proche des verbes. Cette catégorie comporte un adjectif irrégulier **ii/yoi**.
– La seconde catégorie est une catégorie hybride : le sens du mot est celui d'un adjectif (indiquer une qualité), mais le fonctionnement se rapproche de celui des noms. Ce sont les adjectifs invariables.

Sec. 1 ›

MORPHOLOGIE DE L'ADJECTIF EN -i

76 | L'adjectif en **-i** : Morphologie
L'adjectif en **-i** varie selon les mêmes principes que les verbes (cf § 7), par l'adjonction d'une partie des mêmes suffixes (cf § 10), et possède donc les degrés moins, moyen et plus.
Rappel : un adjectif en **-i** peut constituer à lui seul une phrase (cf § 2).

Exemple › **omoshiroi**
C'est intéressant.

77 | Degré moins
Au radical, toujours vocalique, s'ajoute soit l'élément **-i** qui constitue directement une forme, et ne peut jamais recevoir de suffixe, soit l'élément **-ku**. La forme en **-i** est retenue comme « forme du dictionnaire ». La base en **-ku** est une base formative, à laquelle peuvent s'ajouter des suffixes, mais qui peut aussi fonctionner comme forme indépendante (cf § 191 et 350).

Exemples › **utsukushi-i** *être beau* / **utsukushi-ku**
omoshiro-i, *être intéressant* / **omoshiro-ku**
tanoshi-i, *être agréable* / **tanoshi-ku**

À noter c'est toujours la base en **-ku** qui s'emploie avec le verbe **naru** *devenir*.

Exemples › **kurai** *être sombre*
kuraku narimashita
Il s'est mis à faire sombre. (litt. : *c'est devenu sombre*)

À la base en **-ku** peuvent s'ajouter les suffixes :
-nai : expression de la négation

Exemples › **utsukushi-ku-nai** *n'est pas beau*
omoshiro-ku-nai *n'est pas intéressant*
tanoshi-ku-nai *n'est pas agréable*

-te : [rôle syntaxique] (cf § 350)

Exemples › **taka-ku-te, omoshiro-ku-te, tanoshi-ku-te**
-ta : expression du passé ou de l'accompli

-ô : expression de la conjecture

Dans les deux derniers cas, **-ta** et **-ô** ne s'adjoignent pas directement à **-ku**. Entre les deux doit s'insérer une forme du verbe **aru**, avec pour conséquence la chute du **u** de **-ku**. Le suffixe de passé/accompli est donc **-katta** (**ku** + **at-ta** > **k-at-ta**), celui de la conjecture **-karô** (**ku** + **ar-ô** > **k-ar-ô**). À noter que cette dernière forme est d'un emploi extrêmement rare.

Exemples › **omoshiro-k-at-ta** *était intéressant*, **tanoshi-k-at-ta** *était agréable*, **yo-k-ar-ô** *doit-être-bien*

78 | Le suffixe **-nai** de la négation

Il est morphologiquement un adjectif : **na-i**, qui signifie *être non-existant* (ce qui explique qu'il serve de forme négative au verbe **aru** *exister* (cf § 19), il varie donc en conséquence et présente au degré moins les formes suivantes :
na-i, na-ku-te, na-k-at-ta, na-k-ar-ô

• La forme de négation du passé de l'adjectif en **-i** est donc : radical + **-na-k-at-ta**

Exemples › **omoshiroku-na-k-at-ta** *n'était pas intéressant*
tanoshiku-na-k-at-ta *n'était pas agréable*

• Tous les verbes forment leur passé négatif par l'adjonction de **-na-k-at-ta** (cf § 10).

Exemple › **hanasa-na-k-at-ta** négation du passé/accompli *je, tu... ils n'ai, as... ont pas parlé*

Le passé négatif peut être transformé, pour des raisons syntaxiques en forme en **-te** :

Exemple › **hanasa-na-ku-te**

79 | Degré moyen

Si l'on reprend les formes citées en exemple ci-dessus, seules quatre d'entre elles peuvent avoir un degré moyen : **tanoshi-i, tanoshi-ku-na-i, tanoshi-k-at-ta, tanoshi-ku-na-k-at-ta**.
Dans le japonais standard, il se fait de façon différente pour **tanoshi-i, tanoshi-k-at-ta, tanoshi-ku-na-k-at-ta** d'une part et, **tanoshi-ku-na-i** d'autre part. Dans les trois premiers cas il se fait par l'adjonction du mot **desu** : **tanoshi-i desu**, **tanoshi-k-at-ta desu**, **tanoshi-ku-na-k-at-ta desu**, mais pour le dernier par l'adjonction d'une forme du verbe **aru** : **taka-ku (wa) arimasen**.
Dans la mesure où **-na-i** est lui-même un adjectif dont la forme degré moyen est **na-i desu**, la tendance est à remplacer la forme standard **taka-ku (wa) arimasen** par une forme négative **taka-ku-nai desu**, parallèle à la forme affirmative **taka-i desu**.

80 | Récapitulation

Exemple › **tanoshii** *être agréable*

	DEGRÉ MOINS	DEGRÉ MOYEN
affirmatif	**tanoshi-i** *est agréable*	**tanoshi-i desu** *est agréable*
négatif	**tanoshi-ku-na-i** *n'est pas agréable*	**tanoshi-ku arimasen / tanoshi -ku-na-i desu** *n'est pas agréable*
affirmatif passé/ accompli	**tanoshi-k-at-ta** *était agréable*	**tanoshi-k-at-ta desu** *était agréable*
négatif passé/ accompli	**tanoshi-ku-na-k-at-ta** *n'était pas agréable*	**tanoshi-ku-na-k-at-ta desu** *n'était pas agréable*
[rôle syntaxique]	**tanoshi-ku-te**	
[rôle syntaxique]	**tanoshi-ku-na-ku-te**	
conjecture	**tanoshi-k-ar-ô** *doit être agréable*	

81 | <u>L'adjectif irrégulier : **ii/yoi** *être bien*</u>
Cet adjectif est irrégulier du fait qu'il possède deux radicaux. Pour le reste, ses variations sont identiques à celles des autres adjectifs en **-i**.
premier radical : **i-** qui sert seulement pour la forme en **i** : **i-i**
second radical : **yo-**, qui sert aussi pour la forme en **-i** > **yo-i**, mais qui sert surtout pour la base en **-ku** > **yoku** et donc toutes les formes construites sur cette base :

	DEGRÉ MOINS	DEGRÉ MOYEN
affirmatif	**i-i/yo-i** *est bien*	**i-i desu** *est bien*
négatif	**yo-ku-na-i** *n'est pas bien*	**yo-ku arimasen/ yo-ku-na-i desu** *n'est pas bien*
affirmatif passé/ accompli	**yo-k-at-ta** *était bien*	**yo-k-at-ta desu** *était bien*
négatif passé/ accompli	**yo-ku-na-k-at-ta** *n'était pas bien*	**yo-ku-na-k-at-ta desu** *n'était pas bien*
[rôle syntaxique]	**yo-ku-te**	
[rôle syntaxique]	**yo-ku-na-ku-te**	
conjecture	**yo-k-ar-ô** *doit être bien*	

82 | <u>Degré plus des adjectifs en **-i**</u>
Un seul adjectif utilise pour le degré plus une forme de remplacement :
ii *être bien* > **yoroshii**
Cet adjectif **yoroshii** varie comme tous les adjectifs en **-i** (cf § 76 à 80).

Pour certains autres adjectifs, en nombre très limité, il existe une construction : préfixe **o-** + adjectif à une forme en **-ô** + le verbe **gozaru** (cf § 24). Cette forme en **-ô** est une forme ancienne dérivée de la forme en **-ku** ; après disparition du **k**, **a** + **u** > **ô**. La construction **-ô gozaru** s'emploie exclusivement dans les formules figées de salutations ou de politesse :
hayai > **o-hayô gozaimasu** *Bonjour*. (litt. : *il est tôt*)
medetai > **o-medetô gozaimasu** *Félicitations*. (litt. : *c'est réjouissant*)

La formule de remerciement **arigatô gozaimasu**, bien que non précédée du préfixe **o** appartient aussi au degré plus :
arigatai > **arigatô gozaimasu** *Merci.* (litt. : *c'est rare*)

À noter l'adjectif **ii** possède une forme exceptionnelle de double degré plus :
ii > **yoroshii** > **yoroshû gozaimasu**
yoroshû est une forme dérivée de la forme en **-ku**. Après disparition du **k**, **i** + **u** > **û**.

Sec. 2 ›

LES ADJECTIFS INVARIABLES

83 | Les adjectifs invariables
Leurs formes et leurs origines sont très diverses, soit qu'ils appartiennent au fond japonais originel, soit qu'ils soient des emprunts à la langue chinoise ou plus récemment à d'autres langues étrangères.

À l'intérieur de cette catégorie, on trouve cependant quelques régularités.

• Une assez grande quantité d'adjectifs invariables, qui font partie du fonds ancien de la langue japonaise sont reconnaissables à leur terminaison en **-ka**.

Exemples › **shizuka** *tranquille*, **yawaraka** *doux, tendre*, **nigiyaka** *animé (pour un lieu)*
Ces adjectifs servent principalement à exprimer des sensations, des impressions.

• Une autre série est formée à partir de noms sino-japonais grâce à un suffixe **-teki**.

Exemples › **keizai** *l'économie* > **keizaiteki** *économique*
shakai la société > **shakaiteki** *social*
seiji *la politique* > **seijiteki** *politique*
bunka *la culture* > **bunkateki** *culturel*
Ces adjectifs servent à qualifier des domaines de la connaissance ou de l'activité humaine.

Quelle que soit leur origine, les adjectifs invariables ne peuvent être employés qu'accompagnés d'une forme de l'actualisateur **da**. C'est la variation de l'actualisateur qui différencie les degrés moins et moyen.

Exemples › *est tranquille* > **shizuka da** (degré moins), **shizuka desu** (degré moyen)
était animé > **nigiyaka datta** (degré moins), **nigiyaka deshita** (degré moyen)
n'est pas certain > **tashika de wa nai** (degré moins), **tashika de wa arimasen** (degré moyen)

84 | Différence de fonctionnement des deux catégories d'adjectifs
Un adjectif en **-i** peut constituer une phrase à lui tout seul, au degré moins, moyen ou plus.

Exemples › **oishii/oishiii desu** *C'est bon.*
sugoi/sugoi desu *C'est incroyable.*
kawaii/kawaii desu *Il est mignon.*
omoshirokatta/omoshirokatta desu *C'était intéressant.*
omoshirokunakatta desu *C'était sans intérêt.*

Un adjectif invariable est bien un adjectif sur le plan du sens, mais son fonctionnement est similaire à celui d'un nom. Il ne peut jamais constituer une phrase à lui seul mais doit toujours être accompagné d'une forme de l'actualisateur **da**. On notera donc que même si la forme **desu** apparaît près des deux catégories d'adjectifs, c'est pour remplir deux fonctions tout à fait différentes.

• avec l'adjectif en **-i** l'adjonction de **desu** (et uniquement cette forme de l'actualisateur) à des formes qui peuvent par ailleurs fonctionner de façon autonome, sert à les faire passer du degré moins au degré moyen (cf § 79) :

Exemples › **kawaii** > **kawaii desu** *Il est mignon.*
omoshirokatta > **omoshirokatta desu** *C'était intéressant.*

• avec l'adjectif invariable, comme pour le nom l'actualisateur est nécessaire pour qu'il soit noyau d'une phrase. Et il est employé alors sous toutes ses formes (cf § 68 et § 83).

85 | Degré plus des adjectifs invariables.
Il se forme comme dans le cas du noyau [nom + actualisateur] par l'utilisation des deux formes de l'actualisateur **da** (cf § 69), mais c'est un emploi rare.

Sec. 3 ›
DÉVELOPPEMENT DE LA PHRASE À NOYAU ADJECTIF

86 | Construction de la phrase à noyau adjectif

La phrase à noyau adjectif a pour but d'attribuer une qualité à un objet ou un ensemble d'objets. S'il est nécessaire d'exprimer l'objet auquel est attribuée la qualité, il faut le reconnaître parmi tous les autres et donc pointer sur lui. C'est la fonction de la particule **wa**.

Exemples › **kono kêki wa oishii/oishii desu**

ce gâteau est-bon

Ce gâteau est délicieux.

kono mura wa shizuka da/desu

ce village est-tranquille

Ce village est tranquille.

nihon wa tooi/tooi desu

Japon est-loin

Le Japon est loin.

Outre cet ensemble [nom + **wa**], la phrase à noyau adjectif ne peut comporter que peu d'autres éléments :

• un adverbe (cf Partie 3 Ch.6)

Exemple › **watashi wa e wa totemo heta desu**

moi dessin très est-malhabile

Je suis complètement nul en dessin.

• un complément appelé par le sens de l'adjectif.

Exemple › **nihon wa furansu kara tooi/tooi desu**

Japon France est-loin

Le Japon est loin de la France.

• le complément nécessaire dans le cas de la comparaison (cf § 88 à 90).

87 | Certains adjectifs ont une construction particulière. L'expression du support de la qualité exprimée étant considérée comme obligatoire, le mot correspondant sera suivi de **ga**.

• C'est le cas des adjectifs permettant d'exprimer les notions de *aimer* ou *détester* : **suki, daisuki, kirai, daikirai** (litt. : *être objet d'amour, être objet d'adoration, être objet de détes-*

tation, être objet de haine). C'est le cas aussi des adjectifs exprimant un sentiment : **kowai** *être objet de peur...*

Exemples › **supôtsu ga kirai/daikirai desu**

Je déteste/Je hais le sport.

jazu ga suki/daisuki desu

J'aime/J'adore le jazz.

chichi wa hontô ni shigoto ga suki desu

mon-père vraiment métier est-aimé

Mon père aime vraiment son métier.

• C'est aussi le cas lorsque l'objet support de la qualité est la partie d'un tout.

Exemples › **uchi no neko wa me ga aoi desu**

maison chat yeux sont-bleu-vert

Notre chat a les yeux bleu-vert.

(litt. : *notre chat, ses yeux sont bleu-vert*)

atama ga itai

tête est-douloureuse

J'ai mal à la tête. (litt. : [moi], ma tête est douloureuse)

saru wa kinobori ga jôzu desu

singe grimpe-aux-arbres est-habile

Le singe est habile pour grimper aux arbres.

(litt. : *le singe, sa grimpe est habile*)

88 | Comparaison

Une qualité fait souvent l'objet d'une comparaison, dans le sens appréciatif (*plus que*) ou dépréciatif (*moins que*).

89 | Appréciatif

Il faut bien distinguer, parmi les deux objets comparés, celui qui sert de base à la comparaison (B) et celui (A) à qui on veut attribuer la qualité (Q) avec plus d'intensité : A est plus Q que B.

La formule entière serait : **(A) no hô ga (B) yori (Q) da**

– objet qui a le plus la qualité : **(A) no hô ga** (litt. : *le côté de A*)

– objet qui sert de base à l'évaluation : **(B) yori*** (litt. : *en prenant B pour point de départ*)

– qualité : **(Q) da**

***yori** est une ancienne particule marquant le point départ, aujourd'hui remplacée par **kara** (cf § 42).

La formule complète s'emploie dans le cas où A et B font l'objet d'une première présentation.

Exemples › **chikatetsu no hô ga jidôsha yori hayai desu**

métro côté voiture plus-que est-rapide

Le métro est plus rapide que la voiture.

zô no hô ga raion yori tsuyoi yo

éléphant côté lion plus-que est-fort

L'éléphant est plus fort que le lion !

Mais dans la plupart des cas l'objet A a déjà fait l'objet d'une présentation ou appartient à la situation. Il ne sera donc pas réexprimé ou s'il l'est, il sera marqué par la particule de pointage **wa**.

Exemples › **hikôki de ikimasu. (hikôki wa) kisha yori hayai desu**

avion je-vais. (avion train plus-que est-rapide

J'y vais en avion. C'est (l'avion est) plus rapide que le train.

tôkyô ni imasu. pari yori hiroi desu

Tôkyô je-me-trouve. Paris plus-que est-vaste

Je suis à Tôkyô. C'est plus grand que Paris.

90 | Dépréciatif

Le *moins que* s'exprime par une expression négative, et l'emploi d'un mot **hodo** qui signifie *degré* : **A wa B hodo Q nai** (litt. : *A n'est pas Q au même degré que B*).

Exemple › **hiragana wa kanji hodo muzukashikunai desu**

hiragana kanji degré ne-sont-pas-difficiles

Les hiragana sont moins difficiles que les kanji.

(litt. : *Les hiragana ne sont pas difficiles au même degré que les kanji.*)

91 | Superlatif

Le superlatif se forme par l'emploi de l'adverbe **ichiban** le plus.

Exemple › **chikatetsu ga ichiban hayai desu**

métro le-plus est-rapide

Le métro c'est le plus rapide.

Lorsqu'on veut préciser le cadre dans lequel on constate cette relation de supériorité, on utilise la particule **de**.

Exemple › **fuji-san wa nihon de ichiban takai yama desu**

Fuji-mont Japon le plus est-haute montagne c'est

Le mont Fuji est la plus haute montagne du Japon.

Chap. 5 ›

LES PARTICULES ET EXPRESSIONS FINALES DE MODALITÉ

92 | Quel que soit le type de phrase, à noyau verbe, adjectif, ou [nom + actualisateur] les seuls éléments admis après le noyau sont, outre les particules interrogatives (cf § 3 et 4), les particules et expressions finales de modalité. Elles permettent au locuteur de préciser son intention vis-à-vis de l'interlocuteur et/ou la relation du locuteur à son propre énoncé.

Sec. 1 ›

LES PARTICULES FINALES DE MODALITÉ

93 | Elles appartiennent surtout au registre de la langue orale. Dans certains cas, il y aura une différence d'usage entre hommes et femmes. Elles permettent de préciser comment le locuteur situe son énoncé dans sa relation avec son interlocuteur.

94 | **na/naa** appartient au domaine du monologue, il indique que ce qui précède est la pensée personnelle du locuteur, et que celui-ci ne s'exprime pas pour partager une idée mais pour s'en persuader lui-même. Ce discours s'adressant au locuteur lui-même, la particule **na/naa** est toujours précédée d'une forme de degré moins.

Exemples › **pôkâ wa yameyô ka naa**

poker arrêtons

Et si j'arrêtais de jouer au poker !

yamaguchi-san wa bakansu wa yoku girisha e ikimasu.

yamaguchi vacances souvent Grèce va.

urayamashii naa

je-suis-jaloux

YAMAGUCHI va souvent en vacances en Grèce. Je suis jaloux !

kono keshiki wa kirei da naa

ce paysage est-beau

Comme ce paysage est beau !

95 | **ne** cherche à établir une connivence avec l'interlocuteur : *ce que je viens de dire est mon avis, mais je pense que c'est aussi le vôtre.* **ne** peut être précédé aussi bien d'une forme de degré moins que d'une forme de degré moyen.

Exemples › **atsui ne**

est-chaud

Il fait chaud, hein !

konogoro chôsa wa hayaku susumimashita ne

ces-temps-ci enquête rapidement a-avancé

Ces temps-ci notre enquête a bien avancé !

tsubame wa kawaii tori desu ne

hirondelle est-mignon oiseau c'est

L'hirondelle est un oiseau adorable, non !

Pour des raisons d'expressivité **ne** peut être allongé en **nee**. C'est la seule particule qui peut être répétée à l'intérieur de la phrase, en particulier dans le langage enfantin :

Exemples › **akira-kun wa ne boku no fûsen o ne waza to ne**

Akira moi ballon-de-baudruche exprès

panku-saseta yo nee

crevaison a-fait-faire

C'est Akira, et ben il a fait exprès hein de crever mon ballon !!!

96 | **yo** indique soit que l'énoncé qui précède est l'avis du locuteur dont il cherche à persuader son interlocuteur, soit que le locuteur affirme sa volonté personnelle. **yo** peut être précédé aussi bien d'une forme de degré moins que d'une forme de degré moyen.

Exemples › **nihon-ryôri wa oishii desu yo. tabete mite**

cuisine-japonaise est-bonne. mange-pour-voir

C'est bon la cuisine japonaise ! Goûte !

hitori de iku yo. zenzen kowakunai yo

tout-seul j'irai pas-du-tout ne-pas-être-apeuré

J'irai tout seul ! Je n'ai pas du tout peur !

kono tokei wa tashika ni nisemono da yo

cette montre certainement contrefaçon c'est

Cette montre est de toute évidence une contrefaçon !

97 | **wa** appartient surtout au langage féminin. Il se rapproche de **yo**, affirmation de l'avis du locuteur, mais avec beaucoup moins d'intensité, et dans une relation plutôt familière. **wa** peut être précédé aussi bien d'une forme de degré moins que d'une forme de degré moyen.

itaria-ryôri wa oishii wa. issho ni tabe ni ikimasu ka

cuisine-italienne est-bonne ensemble manger tu-vas

C'est bon la cuisine italienne ! Tu viens avec moi ?

Exemples › **atsui ne. konban pûru ni iku** wa

est-chaud. ce-soir piscine je-vais

Il fait chaud ! J'irai à la piscine ce soir !

yamasaki-san no apâto o mimashita. subarashii apâto desu wa

Mme-Yamasaki appartement j'ai-vu est-magnifique appartement c'est

J'ai vu l'appartement de Mme YAMASAKI. C'est un bel appartement !

98 | **zo** appartient au langage masculin. Il se rapproche de **yo**, affirmation de l'avis du locuteur ou d'une forte détermination personnelle, mais avec encore plus d'intensité. Il suit toujours une forme de degré moins.

Exemples › **hen da** zo. **saifu wa doko ni ichatta kai**

est-bizarre porte-monnaie où est-allé

C'est bizarre. Où est passé mon porte-monnaie ?

kono sake wa umai zo

ce saké est-bien-réussi

Ce saké est de premier ordre !

saa, sugu kaeru zo

bon immédiatement je-rentre

Bon je rentre tout de suite !

99 | **sa** appartient au langage masculin. Il s'agit d'une simple affirmation, souvent pour refuser d'admettre les propos de l'interlocuteur. Il suit toujours une forme de degré moins.

Exemples › **eiga wa omoshirokatta** sa

film était-intéressant

Le film était super ! (contrairement à ce que tu penses)

dekiru sa

est-possible

[Bien sûr] je peux !

Mais si ce qui précède est une phrase à noyau [nom + actualisateur], ou [adjectif invariable + actualisateur], l'actualisateur n'est pas exprimé s'il devrait s'agir de la forme **da/desu** :

Exemple › **boku, sakkâ ga daikirai** sa

moi football est-détesté

Moi, j'ai horreur du foot !

Il est exprimé dans les autres cas :

Exemple › **iya, sugoku yasashii mondai datta sa**

non très est-facile problème c'était

Non, c'était un problème super facile !

100 | **tomo** s'utilise pour contrer l'intention des propos de l'interlocuteur, montrer son désaccord. **tomo** peut être précédé aussi bien d'une forme de degré moins que d'une forme de degré moyen.

Exemples › **ashita hontô ni eiga ni iku ? – ane to issho ni iku tomo**

demain vraiment cinéma tu-vas ma-sœur-aînée ensemble je-vais

Tu vas au cinéma demain ? – Oui, j'y vais, mais avec ma sœur !

kono kiji wa omoshiroi desu ka

cet article est-intéressant

– hai. omoshiroi desu tomo

oui est-intéressant

C'est bien, cet article ? – Mais oui c'est bien.

101 | Certaines particules peuvent être combinées.

• **yo ne** ou **wa ne** (langage féminin) combinent l'affirmation et la recherche de l'accord de l'interlocuteur.

Exemple › **yôroppa ryokô wa ii wa ne**

Europe voyage est-bien

Ce serait bien, non, un voyage en Europe.

• **wa yo**, relève du langage féminin et s'emploie souvent à la place de **yo** pour exprimer une affirmation un peu plus nuancée.

Exemple › **o-kane wa tokku ni haratta wa yo**

argent bien-avant j'ai-payé

Il y a bien longtemps que j'ai payé !

Sec. 2 › LES EXPRESSIONS FINALES DE MODALITÉ

102 | Elles servent au locuteur à préciser la manière dont il souhaite présenter son énoncé :

• pour exprimer son degré d'engagement

• ou son évaluation du degré de vérité de la réalité énoncée

• ou pour situer l'énoncé par rapport à des situations ou des énoncés précédents.

Dans tous les cas, elles sont précédées d'une forme de degré moins.

A. EXPRIMER UN DEGRÉ D'ENGAGEMENT

103 | Le locuteur indique sa position par rapport au contenu de son propre discours.

104 | **to iu koto da/desu.** Permet une sorte de détachement, d'objectivation du locuteur par rapport à son énoncé, présenté comme une réalité dont il ne prend pas la responsabilité, une simple constatation. Litt. : *c'est un fait* (**koto**) *qu'on peut définir* (**iu**) *comme*. Devant **to iu koto desu** il n'est possible d'utiliser que des formes de degré moins, en application des règles de la citation indirecte (cf § 281).

Exemples › **ima no sekai wa dandan kokusaiteki ni natte iku to iu**
maintenant monde de-plus-en-plus international devient
koto desu
le-fait-est-que
Le monde d'aujourd'hui devient de plus en plus international.
kotoshi mo zeikin ga agaru to iu koto desu
cette-année impôts augmenteront le-fait-est-que
Les impôts vont encore augmenter cette année.

105 | **sô da/desu** indique clairement que le locuteur rapporte des propos qu'il a entendus et dont il n'assume pas la responsabilité : *il paraît que..., on dit que...* **sô desu** ne peut être précédé que d'une forme de degré moins.

Exemples › **terebi no tenkiyôhô o mimashita. ashita yuki ga furu**
télé météo j'ai-regardé. demain neige tombera
sô desu
on-dit-que
J'ai regardé la météo à la télé. Il paraît qu'il va neiger demain.
roshia-go wa totemo muzukashii sô desu
langue-russe très est-difficile on-dit-que
Il paraît que le russe est très difficile.
kamakura wa subarashii tokoro da sô da
Kamakura est-magnifique endroit c'est on-dit-que
On dit que Kamakura est un endroit magnifique.

106 | **ka mo shirenai /shiremasen** (litt. : *on ne peut pas savoir si...*) exprime un doute. Le locuteur reconnaît que c'est possible mais ne prend pas parti, ne s'engage pas : *il n'est pas exclu que..., il se pourrait que... c'est possible, mais je ne peux pas l'affirmer.*

Exemples › **nyûyôku kara no hikôki ga mô tsuita ka mo shiremasen**

New-York avion déjà est-arrivé je-ne-sais-pas

L'avion de New-York doit être arrivé.

nihon-go no shiken wa hijô ni muzukashii ka mo shirenai

langue-japonaise examen extrêmement sera-difficile je-ne-sais-pas

J'ai peur que l'examen de japonais ne soit extrêmement difficile.

ka mo shirenai doit être précédé d'une forme de degré moins. Cependant, si ce qui précède est une phrase à noyau [nom + actualisateur] ou une phrase dont le noyau est un [adjectif invariable + actualisateur], l'actualisateur n'est pas exprimé s'il devrait s'agir de la forme **da/desu** :

Exemple › **sore wa yume desu > sore wa yume ka mo shirenai**

cela rêve c'est cela rêve je-ne-sais-pas

C'est un rêve > C'est peut-être un rêve.

Il est exprimé dans les autres cas :

Exemples › **a, sore wa yume datta ka mo shirenai**

ah cela rêve c'était je-ne-sais pas

Ah, ce devait être un rêve !

aa, sore wa yume de wa nai ka mo shirenai

Et-bien cela rêve ce-n'est-pas je-ne-sais-pas

Et bien, ce n'est peut-être pas un rêve.

107 | **kashira** (litt. : *savoir si...*) comme le précédent exprime un doute, mais plus léger, plutôt comme une sorte d'interrogation. Il appartient plutôt au langage féminin.

Exemples › **mata ame ni naru kashira**

encore pluie devient il-se-peut-que

On dirait bien qu'il va encore pleuvoir.

kono sêta wa takai kashira

ce pull est-cher il-se-peut-que

Ce pull doit être plutôt cher.

kashira doit être précédé d'une forme de degré moins. Cependant, si ce qui précède est une phrase à noyau [nom + actualisateur] ou une phrase dont le noyau est un [adjectif invariable + actualisateur], l'actualisateur n'est pas exprimé s'il devrait s'agir de la forme **da/desu** :

Exemple › **basu no hô ga benri desu > basu no hô ga benri kashira**
bus côté est-pratique bus côté est-pratique il-se-peut-que
Le bus doit être plus pratique.

Il est exprimé dans les autres cas :

Exemples › **shigatsu no tsuitachi datta kashira**
avril le-1e-du-mois c'était il-se-peut-que
C'était le 1er avril, non ?

ano hito wa takahashi-san de wa nai kashira
ce être-humain Mme-Takahashi ce-n'est-pas il-se-peut que
Est-ce que ce ne serait pas Mme TAKAHASHI là-bas ?

108 | **to omou/omoimasu** (litt. : *je pense que...*) permet d'affirmer une opinion sans être péremptoire. Il s'agit d'exprimer un jugement personnel qui n'engage que soi, une information dont on prend la responsabilité, sans toutefois obliger l'interlocuteur à l'accepter.

Devant **to omou/omoimasu** on ne peut trouver qu'une forme de degré moins en application de la règle de la citation indirecte (cf § 281).

Exemples › **ni-jû-ni seiki ni jinrui ga kasei ni sumeru to omoimasu**
vingt-deux siècle espèce-humaine planète-Mars pourra-habiter je-pense-que
Je pense qu'au XXIIe siècle l'homme pourra habiter sur Mars.

atarashii gendai bijutsukan wa subarashii to omoimasu
est-neuf moderne musée-d'art est-magnifique je-pense-que
Je trouve que le nouveau Musée d'art moderne est magnifique.

watanabe-sensei wa asoko ni suwatte iru kata da
Watanabe professeur là-bas est-assis personne c'est
to omoimasu
je-pense-que
Je pense que le professeur WATANABE c'est la personne qui est assise là-bas.

B. ÉVALUER LE DEGRÉ DE VÉRITÉ

109 | C'est ce qu'on appelle parfois la « conjecture » : on exprime quelque chose de non-vérifié, en s'appuyant seulement sur des indices qui permettent de proposer une interprétation d'une réalité, mais sans certitude.

110 | C'est la raison d'être des formes en **-ô/-yô** des verbes et une forme en **-karô** des adjectifs en **-i** (cf § 77) : conjecturer. Mais elles sont devenues d'usage plutôt rares, obsolètes, remplacées par d'autres formules, en particulier par **darô/deshô** (cf § 111).

Exemples › **ashita ame ga furimashô***

demain pluie devrait-tomber

Il devrait pleuvoir demain.

*entendu autrefois dans les bulletins météo à la radio

kore de yokarô

ceci serait-bien

Ça me va.

111 | **darô/deshô** est une marque de doute, un refus d'affirmer : *Les choses sont peut-être comme je les dis, mais je ne saurais vraiment l'affirmer*. C'est surtout un moyen de ne pas paraître trop péremptoire, de ne pas imposer un point de vue, et de paraître solliciter l'approbation de l'interlocuteur. Dans le cas des phrases à noyau [nom + actualisateur], ou à noyau adjectif invariable, **darô/deshô** est la forme que prend l'actualisateur. Dans les autres cas : phrases à noyau verbe ou adjectif, **darô/deshô** s'ajoute en fin de phrase à des formes de degré moins.

Exemples › **sono hô ga raku deshô**

ce côté agréable devrait-être

Ce serait sans doute plus agréable ainsi !

ragubî no warudo kappu wa ôsutoraria ga katsu darô

rugby Coupe-du-Monde Australie devrait-gagner

C'est l'Australie qui va gagner la Coupe du monde de rugby, non ?

hikôki wa ichiban takai deshô

avion le-plus doit-être-cher

L'avion est le plus cher, non ?

112 | Dans le cas des verbes, il existe un équivalent négatif de **darô/deshô** : **-mai** qui s'ajoute à la forme en **-u** des verbes : **iku** *j'irai* > **iku-mai** *je n'irai sans doute pas*. Il s'agit d'une forme réservée au langage écrit et de toute façon peu usitée, remplacée par le verbe à la forme négative suivie de **darô/deshô** (cf § 111) : **iku** *j'irai* **ikanai darô/deshô** *je n'irai sans doute pas.*

113 | **yô da/desu.** Permet, sans vraiment affirmer, de proposer une interprétation basée sur l'observation de certains indices. Le nom **yô**, utilisé dans de nombreuses expressions (cf § 301 et 368) signifie : *l'apparence* > **yô da/desu** (litt. : *Il y a toute apparence que...*). **yô da/desu** peut s'ajouter à une phrase à noyau verbe ou adjectif. Le verbe ou l'adjectif est à une forme de degré moins. Si l'adjectif est du type invariable, il doit être relié à **yô desu** par la forme **na** de l'actualisateur (cf § 70).

Exemples › **kyû ni samuku narimashita. ashita yuki ga furu**
brutalement froid est-devenu. demain neige tombera
yô desu
il-y-a-apparence-que
Tout à coup il s'est mis à faire froid. Il se pourrait bien qu'il neige demain.

kono mondai wa muzukashii yô desu
cette question est-difficile il-y-a-apparence-que
Cette question a l'air bien difficile.

musuko-san wa tenisu ga daisuki na yô desu ne
votre-fils tennis est-adoré il-y-a-apparence-que
On dirait que votre fils adore le tennis.

114 | **mitai/mitai desu.** Il s'agit aussi de déduction à partir d'indices. C'est une expression très proche de **yô desu**, mais avec une touche plus personnelle. Devant **mitai** ne peuvent s'employer que des formes de degré moins.

Exemples › **kaze o hiita mitai**
rhume j'ai-attrapé il-me-semble
J'ai bien l'impression d'avoir attrapé un rhume.

kono sensei wa yasashii mitai desu
ce professeur est-gentil il-me-semble
Ce professeur m'a l'air d'être gentil.

115 | **rashii/rashii desu** est aussi une déduction à partir d'indices, mais plus assurée, plus impersonnelle. Ces indices sont souvent des propos entendus. Il s'agit d'un jugement de valeur par rapport à un standard commun. Devant **rashii** ne peuvent s'employer que des formes de degré moins.

Exemples › **yamada-san wa mô dekaketa rashii desu**
Yamada déjà est-parti ce-me-semble
On dirait que YAMADA est déjà parti.

kono mondai wa kanari muzukashii rashii

ce problème passablement est-difficile ce-me-semble

Ce problème a l'air passablement difficile.

116 | À noter que dans le cas de **mitai** et de **rashii**, si ce qui précède est une phrase à noyau [nom + actualisateur], ou à noyau adjectif invariable, l'actualisateur n'est pas exprimé.

Exemple › **kanari sabishii tokoro desu**

passablement est-désolé endroit c'est

C'est un endroit fort désolé.

> kanari sabishii tokoro rashii desu

passablement est-désolé endroit ce-me-semble

Cet endroit a l'air fort désolé.

Exemple › **kono mondai wa hontô ni kantan desu wa**

ce problème vraiment est facile

Ce problème est vraiment facile !

> kono mondai wa hontô ni kantan mitai da wa

ce problème vraiment est facile ce-me-semble

Ce problème a l'air vraiment facile !

C. SITUER L'ÉNONCÉ PAR RAPPORT À DES SITUATIONS OU DES ÉNONCÉS PRÉCÉDENTS

117 | Le locuteur indique qu'il voit un rapport de cause à effet entre deux situations. Cela peut aller de la simple explication jusqu'à la recherche de justification.

118 | **(to iu) wake da/desu**, litt. : *c'est une raison* (**wake**) qu'on peut définir (**iu**) *comme*, indique que ce qui précède est soit l'exposé de circonstances que le locuteur estime reliées à une réalité qu'il a présentée : *voilà les circonstances qui ont amené telle situation*, soit une conséquence qu'il juge dérivée d'une situation précédente : *voilà la conséquence qu'a provoquée telle situation*. Devant ces expressions une forme de degré moins s'impose suivant la règle de la détermination (cf § 286 et 287) et de la citation indirecte (cf § 281). Dans le cas où la phrase qui précède aurait été à noyau [nom + actualisateur] celui-ci est élidé.

Exemples › **satô-san wa musuko to futarigurashi desu.**
Satô fils vie-à-deux c'est.
tsui ni rikon-shita to iu wake desu
finalement divorce il-a-fait la-raison-est-que
SATÔ vit avec son fils, tous les deux. En effet finalement, il a divorcé.
sengetsu, kare wa kaisha o kubi ni narimashita.
mois-dernier lui société a-été-licencié
ima, shitsugyôchû to iu wake desu
maintenant en-plein-chômage la-conséquence-est-que
Il a été licencié de sa société le mois dernier. Et donc maintenant il est au chômage.

119 | **no da/desu** indique que le locuteur estime que son énoncé sert d'explication soit à une situation présente soit à un énoncé précédent. Si la phrase est interrogative, c'est qu'il y a demande d'explication. Devant **no da/desu** on ne peut employer que des formes de degré moins, selon les règles de la détermination (cf § 286, 287 et 302). S'il s'agit d'une phrase à noyau [nom + actualisateur] ou adjectif invariable on emploie la forme **na** de l'actualisateur (cf § 70). Dans le langage parlé, cette formule devient souvent **n da/desu**.

Exemples › **tsutomu-kun wa kyô wa yasumi deshita. byôki datta no deshô**
Tsutomu aujourd'hui absence c' était. maladie c'était c'est-sans-doute-que
Aujourd'hui Tsutomu n'était pas là. C'est sans doute qu'il était malade.
roshia bungaku ga suki nan desu
Russie littérature est-aimée c'est que
C'est que j'aime la littérature russe.

no da/desu peut devenir aussi seulement **no**, avec élision de **da/desu**.

Exemple › **dôshite kono kuruma o kawanai no ka**
pourquoi cette voiture tu-n'achètes-pas
Pourquoi tu ne prends pas cette voiture ?

Dans ce cas, elle est souvent combinée avec la particule **yo** : **no yo**.

Exemple › **onaka gai itai – o-sushi o tabesugita no yo**

ventre est-douloureux sushi tu-as-trop-mangé c'est-que

J'ai mal au ventre. – C'est que tu as mangé trop de sushis !

120 | **mono da/desu.** Souvent abrégé en **mon da/desu** ou en **mon** (familier). C'est aussi une formule d'explication, mais dans un cas précis. Le locuteur cherche à se justifier face à un reproche, en donnant des raisons qui expliqueraient son attitude ou ses actes. **mono da** suit normalement une forme de degré moins, mais l'usage semble se développer de l'utiliser aussi après des formes de degré moyen.

Exemples › **okurete kita ne**

en-retard tu-es-venu

– datte, michi ga sugoku konde ita mon

oui-mais routes extrêmement étaient-encombrées c'est-que

Tu es bien en retard ! – Oui mais les routes étaient complètement bouchées.

mata gêmu shiteru no

encore jeux-vidéo tu-fais

– hai, boku wa shukudai ga owatta mon

oui moi devoirs sont-finis

Encore à faire des jeux vidéo ! – Oui mais j'ai fini mes devoirs !

PARTIE 2

LES MOTS

Chap. 1 › **LE NOM**

Sec. 1 › DONNÉES GÉNÉRALES

121 | Tout nom est invariable, qu'il soit nom commun ou nom propre, simple ou composé, et quelle que soit son origine. Et il n'y a aucune différence d'emploi : à part certains noms exprimant le temps (cf § 44, 45), tout nom employé dans une phrase doit être suivi d'une particule marquant sa fonction syntaxique.

122 | Le vocabulaire du japonais actuel s'est construit sur trois strates :

1) le japonais originel : ce sont surtout les termes désignant les phénomènes naturels, les actes élémentaires, les éléments de la vie quotidienne.

Exemples › **ame** *pluie*, **kumo** *nuage*, **yama** *montagne*, **kome** *riz*, **sakana** *poisson*

Il existe dans cette strate quelques noms dérivés d'adjectifs en **-i**, par adjonction au radical :

• d'un suffixe **-sa**

Exemples › **samui** *être froid* > **samusa** *le froid*
atsui *être chaud* > **atsusa** *la chaleur*
nagai *être long* > **nagasa** *la longueur*
ureshii *être heureux* > **ureshisa** *le bonheur*
hayai *être rapide* > **hayasa** *la vitesse*

• d'un suffixe **-mi**

Exemples › **amai** *doux au goût* > **amami** *douceur*
fukai *profond* > **fukami** *profondeur*
yowai > **yowami** *point faible*
akai *rouge* > **akami** *rougeur*

Certains adjectifs reçoivent l'un ou l'autre suffixe :

Exemple › **atsui** *épais* > **atsumi/atsusa** *épaisseur*

Selon le suffixe, le sens peut parfois être différent.

Exemple › **tsuyoi** *être fort* > **tsuyosa** *puissance* / **tsuyomi** *point fort*

La base de certains verbes unibases et la base en **-i** de certains verbes multibases sont utilisées comme nom.

Exemples › **kaeru** *rentrer* > **kaeri** *le retour*
hanasu *parler* > **hanashi** *parole, histoire*
oshieru *enseigner* > **oshie** *l'enseignement (d'un maître).*

2) les emprunts au chinois ou les mots composés au Japon d'éléments empruntés au chinois, ce qu'on appelle le sino-japonais. Ce sont surtout les notions abstraites, la terminologie des techniques et des domaines de connaissance.

Exemples › **seiji** *la politique*, **kokusai** *l'international*, **rekishi** *l'Histoire*, **sûgaku** *les mathématiques.*

Dans cette strate on trouve aussi quelques noms dérivés d'adjectifs par l'adjonction du suffixe **-sa** : **benri** *pratique* > **benrisa** *commodité*, **nesshin** *enthousiaste* > **nesshinsa** *enthousiasme*

3) les emprunts à d'autres langues, massivement l'anglais américain. En particulier depuis le milieu du XXe siècle. Ce sont les termes qui désignent des notions, des idées ou des technologies nouvelles, des objets nouveaux.

Exemples › **tenisu** *tennis*, **kompyûta** *ordinateur*, **âtisuto** *artiste*, **gurôbarizêshon** *globalisation.*

Il s'agit parfois simplement d'une autre façon de concevoir une réalité pour laquelle il existait déjà un terme.

Exemple › **geijutsuka** équivalait au mot *artiste*, mais sans les connotations modernes évoquées par ce terme. On utilise donc le mot d'emprunt **âtisuto** qui a, lui, ces connotations.

123 | Bien que le nom soit invariable, il est cependant possible d'exprimer la pluralité.

• par le redoublement du nom.

Exemples › **yama** *montagne(s)* : **yamayama** *des montagnes*
hito *être(s) humain(s)* : **hitobito*** *les gens*, ou son équivalent degré plus (cf § 7 et 126) : **kata** *être(s) humain(s) respecté(s)* :

katagata* *des personnes (respectées)*
Cette possibilité ne concerne que quelques mots du fonds japonais originel et doit être plutôt considérée comme une manière de construire un mot composé, désormais figé.
*La consonne du second élément est sonorisée.

• par l'adjonction du suffixe **-tachi**, qui sert à désigner un groupe de personnes.
Ce suffixe peut suivre un nom commun :
Exemples › **seito** *élève(s)* : **seitotachi** *les élèves*
kodomo *enfant(s)* : **kodomotachi** *les enfants*
Il peut suivre aussi un nom propre, et désignera alors le groupe attaché à cette personne : famille, groupe de travail en classe...
Exemples › **saitô-san** *M. ou Mme SAITÔ* : **saitô-(san-)tachi** Les SAITÔ (*la famille SAITÔ*)
tadashi-kun-tachi *le groupe de Tadashi*

• Il existe d'autres suffixes de pluralité : **-domo**, **-gata**, et **-ra**. Mais ils sont employés dans des cas limités (cf § 151 et 174) : **kodomora** *les enfants*, **sorera no nakama** *leurs camarades* (litt. : *les camarades d'eux*).

124 | De nombreux noms désignant des objets ou des actes sont précédés d'un préfixe **o-**, dont la fonction est d'indiquer le caractère familier. Certaines formations sont devenues quasi figées, le nom s'employant rarement sans ce suffixe :
Exemples › **o-cha** *thé vert* (**cha** = *thé*)
o-furo *le bain (japonais)* (**furo** = *bain*)
o-kashi *gâteau*
o-shôgatsu *La fête du Nouvel An*
o-bon *La fête des Morts*

Mais des mots qui fonctionnent normalement sans ce suffixe peuvent s'en voir accompagnés. C'est en particulier le cas dans le langage enfantin ou féminin, de toute façon dans une situation de familiarité.
Exemples › **hanami** > **o-hanami** *contemplation des cerisiers*
hashi > **o-hashi** *baguettes*
mise > **o-mise** *boutique*
sôji > **o-sôji** *le ménage*

125 | On peut dire qu'il existe aussi pour les noms, comme pour les verbes ou les adjectifs, des différences de degrés, même s'il ne s'agit pas d'une organisation aussi systématique.

126 | Pour quelques mots, il existe un nom de remplacement :
ie/uchi *ma maison, chez moi* > **otaku** *votre maison, chez vous*
hito *une personne* > **kata** *une personne (à qui on doit de la déférence)*

C'est le cas du système des termes de parenté. Quand on est un adulte, il n'est pas possible d'utiliser le même terme pour sa propre parenté ou celle d'autrui.

Exemples › **haha** *ma mère* **okaasan** *votre/sa mère*
chichi *mon père* **otôsan** *votre/son père*
cf Annexe 2 le tableau des termes de parenté.

127 | Pour d'autres mots, une forme de degré plus pourra être construite par l'adjonction d'un préfixe **o-** ou **go-**.

• le préfixe **o-** dans le cas des noms du japonais originel :
Exemple › **tegami** *lettre* > **o-tegami** *votre/sa lettre*

• le préfixe **go-** exclusivement dans le cas des noms sino-japonais :
yôji *occupation* > **go-yôji** *vos occupations*

On retrouve ce mode de formation dans certains noms de parenté (cf Annexe 2).
shujin *mon mari* > **go-shujin** *votre/son mari*

Sec. 2 › LA COORDINATION

128 | Deux noms peuvent être coordonnés. Dans tous les cas, la suite ainsi formée devra être suivie de la particule qui marque la fonction de l'ensemble dans la phrase.

129 | Deux noms peuvent être coordonnés par une particule **to** qui exprime une relation d'addition, pour une liste close, exhaustive. Le **to** doit être répété entre les divers éléments de l'énumération. Celle-ci sera terminée par la particule indiquant la fonction de l'ensemble.

Exemples › **usagi to kame no hanashi desu**

lièvre tortue histoire c'est

C'est l'histoire du lièvre et de la tortue.

o-cha to o-kashi to o-nori o kaimashita

thé-vert gâteau algues j'ai-acheté

J'ai acheté du thé, des gâteaux et des algues.

Pour marquer plus fortement l'exhaustivité, on fait parfois suivre aussi le dernier terme par **to**, juste avant la particule de fonction :

Exemples › **jishin to tsunami to ga dôji ni okotta**

tremblement-de-terre tsunami même-moment se-sont-produits

Il y a eu à la fois et un tremblement de terre et un tsunami.

gakusei no minasan wa, A chîmu to B chîmu to ni

étudiants tous A équipe B équipe

wakarete kudasai

divisez-vous

Tous les étudiants, répartissez-vous en une équipe A et une équipe B.

yama to yama to no aida wa subarashii sôgen datta

montagnes montagnes intervalle est-magnifique prairie c'était

Entre les montagnes s'étendait une magnifique prairie.

130 | Si la liste de noms énumérés n'est pas exhaustive, et que chaque nom exprime seulement une possibilité parmi d'autres du même type, on utilise soit la particule **ya** (en particulier en langue écrite), soit de préférence, à l'oral, car plus familier, la particule **toka**. Ces particules **ya** et **toka** ne sont jamais répétées en fin de liste.

Exemple › **tenisu ya/toka ragubî ya/toka sakkâ o yoku terebi de**

tennis rugby foot souvent télé

mimasu

je-regarde

Je regarde souvent à la télé le tennis, le rugby ou le foot...

131 | Parfois, la non-exhaustivité pourra être exprimée de façon plus forte par l'adjonction du mot **nado** au dernier terme de la liste, indiquant que ce qui précède n'est qu'un échantillon représentatif d'une catégorie d'objets.

Exemple › **tenisu ya/toka ragubî nado o yoku terebi de mimasu**

tennis rugby et-autres souvent télé je-regarde

Je regarde souvent à la télé le tennis, le rugby... [et d'autres sports].

Il est même possible d'exprimer la non-exhaustivité en énumérant les termes sans les relier par une particule, mais en terminant le tout par **nado** :

Exemple › **tenisu, ragubi, sakka nado o yoku terebi de mimasu**

tennis rugby foot et-autres souvent télé je-regarde

Je regarde souvent à la télé tennis, rugby, foot... et autres.

Le mot **nado** peut suivre même un seul terme, qui devient alors représentatif d'une catégorie appartenant à une liste non-exprimée :

Exemple › **ragubî nado o yoku terebi de mimasu**

rugby et-autres souvent télé je-regarde

Je regarde souvent à la télé le rugby [et toutes sortes d'autres sports].

132 | Deux noms peuvent être coordonnés par une particule **ka** qui exprime l'alternative, le choix exclusif entre deux possibilités : *ou bien,... ou bien*.

Exemple › **kotoshi no natsu chûgoku ka kankoku e ikimasu.**

cette-année été Chine Corée je-vais

mada kimatte imasen

pas-encore ce-n'est-pas-décidé

Cet été, je vais en Chine ou en Corée. Je n'ai pas encore décidé.

Le **ka** peut être répété après chaque terme.

Exemple › **kôhî ka kôcha ka dochi ga ii desu ka**

café thé lequel-des-deux est-bien

Café ou thé, qu'est ce que vous préférez ?

Sec. 3 › LA DÉTERMINATION PAR no

133 | On appelle détermination le mécanisme par lequel tout nom peut se voir précédé d'un élément dit « déterminant » qui va compléter son sens sans rien changer à la fonction de l'ensemble ainsi obtenu. En japonais, cet élément, quelle que soit sa forme, se place toujours directement devant le nom concerné, il est dit « en fonction déterminante ».

Exemple › **kutsu o kaimashita** *j'ai acheté des chaussures*

Le mot **kutsu** peut être déterminé par :
– un adjectif :
akai kutsu o kaimashita *j'ai acheté des chaussures rouges*
– un nom + une particule **no :**
kawa no kutsu o kaimashita *j'ai acheté des chaussures en cuir*
– une proposition :
kinô issho ni mita kutsu o kaimashita *j'ai acheté les chaussures que nous avions vues ensemble hier*

Les passages soulignés, tant en japonais qu'en français, ne sont tous que le même complément d'objet, mais où le nom a reçu un déterminant (en bleu).
Un exposé complet sur le mécanisme de la détermination est proposé plus loin (cf Partie 3). Ne sera traitée ici que la structure de détermination [nom + **no** + nom].

134 | La détermination par **no**

Tout nom ou équivalent de nom peut recevoir une précision sous la forme d'un autre nom (ou équivalent de nom : désignatif de la personne, interrogatif, démonstratif), placé devant lui et relié à lui par la particule **no** et que l'on désigne par le terme de « déterminant ».
Le contenu de la précision ainsi apportée par le déterminant est extrêmement large : possesseur, matière, provenance, contenu, précision de temps... Le rôle de **no** est seulement syntaxique : indiquer qu'il y a une relation de dépendance entre ces deux noms.
L'expression ainsi constituée fonctionne comme le nom seul et se verra attribuer une particule correspondant à sa fonction dans la phrase, ou sera suivi de l'actualisateur.

Exemples › **tonari no kodomo wa kinô no asa wa gakkô e**
voisinage enfants hier matin école
ikimasen deshita
ne-sont-pas-allés
Les enfants d'à côté ne sont pas allés à l'école hier matin
(litt. : *le matin d'hier*)

nan no hon desu ka
quoi livre c'est
C'est un livre sur quoi ?

dare no kuruma desu ka

qui voiture c'est

C'est la voiture de qui ?

watashi no kuruma desu

moi voiture c'est

C'est ma voiture (litt. : *la voiture de moi*)

Du fait de la multiplicité des contenus possibles de la précision apportée, certaines expressions peuvent être ambigües hors contexte :

Exemple › **kodomo no hon**

enfant(s) livre(s)

le(s) livre(s) de l'enfant / un(des) livre(s) pour enfant

135 | Un cas particulier : deux noms reliés par **no** peuvent se trouver en relation d'apposition, c'est à dire que les deux noms renvoient au même objet :

Exemples › **nihonjin no tomodachi** : **nihonjin = tomodachi**, c'est la même personne : *mon ami (qui est) japonais*.

matsu no ki : **matsu = ki** il s'agit d'un seul arbre : *un arbre qui est un pin > un pin*

C'est en particulier la façon dont sont formées les expressions figées exprimant le sexe des personnes :

Exemples › **otoko no hito** : *un humain* (**hito**) *du sexe masculin* (**otoko**) *= homme*

onna no hito : *un humain* (**hito**) *du sexe féminin* (**onna**) *= femme*

otoko no ko : *un enfant* (**ko**) *du sexe masculin* (**otoko**) *= petit garçon*

onna no ko : *un enfant* (**ko**) *du sexe féminin* (**onna**) *= petite fille*

136 | C'est cette structure [nom déterminant + **no** + nom] qui est employée pour l'expression de la localisation spatiale. Sont utilisés à cet effet des noms qui représentent une notion spatiale :

naka *intérieur* : nom + **no** + **naka** *l'intérieur de > dans*
uchi *intérieur* : nom + **no** + **uchi** *l'intérieur de > parmi*
soto *extérieur* : nom + **no** + **soto** *l'extérieur de > hors*
ue *dessus* : nom + **no** + **ue** *le dessus de > sur*
shita *dessous* : nom + **no** + **shita** *le dessous de > sous*
mae *le devant* : nom + **no** + **mae** *sur le devant de > devant*
ushiro *l'arrière* : nom + **no** + **ushiro** *sur l'arrière de > derrière*
yoko/soba *côté* : nom + **no** + **yoko/soba** *sur le côté de > à côté de*
aida *intervalle* : nom + **no** + **aida** *dans l'intervalle de > entre*
hô *direction* : nom + **no** + **hô** *en direction de > vers*
ie/uchi *maison* : nom + **no** + **ie/uchi** *la maison de > chez*
chikaku *proximité* : nom + **no** + **chikaku** *à proximité de > près de*

Le dernier terme de ces expressions étant un nom, qui peut, par ailleurs, être utilisé de façon autonome, l'expression entière fonctionne comme un nom, et doit recevoir la particule correspondant à sa fonction dans la phrase.

Exemples › **higashi no hô ni yama ga miemasu**
est direction montagnes sont-visibles
Vers l'est on voit des montagnes.
mainichi hon.ya no mae o toorimasu
chaque-jour librairie le-devant je-passe
Je passe tous les jours devant la librairie.

137 | Certains mots, représentant une notion spatiale, s'emploient aussi pour l'expression de la localisation temporelle suivant la même structure [nom déterminant + **no** +nom].

mae : *le devant* : nom + **no** + **mae** > *avant*
aida *intervalle* : nom + **no** + **aida** > *pendant*
uchi *intérieur* : nom + **no** + **uchi** > *lors de*

L'expression ainsi formée répond aux règles d'emploi des compléments de temps (cf § 44 et 45).

Exemples › **shokuji no mae ni te o araimasu**
repas avant mains on-lave
On se lave les mains avant les repas.

natsuyasumi no aida inaka no obaasan no ie ni itta

vacances-d'été intervalle campagne ma-grand-mère maison je-suis-allé

Pendant mes vacances d'été, je suis allé chez ma grand-mère à la campagne.

138 | On notera l'emploi particulier de l'ensemble [nom + **no** + **tokoro**]

• Lorsque le repère utilisé pour localiser est une personne :

Exemple › **oba no tokoro ni neko ga go-hiki imasu**

ma-tante lieu chats cinq-petits-animaux se-trouvent

Chez ma tante, il y a cinq chats.

• Lorsque le lieu n'est défini que par deux dimensions : une porte, un portail, etc. :

Exemple › **mon no tokoro ni hen na kuruma ga tomatte imasu**

portail lieu est-bizarre voiture est-arrêtée

Il y a une voiture bizarre qui stationne près du portail.

139 | Le déterminant peut être composé d'un nom + particule **e, kara, made, de, to** + **no**

Exemples › **kyôto kara no ressha wa mada tsuite imasen**

Kyôto train pas-encore n'est-pas-arrivé

Le train (en provenance) de Kyôto n'est pas encore arrivé.

ôsaka e no ressha wa nan ji ni shuppatsu-shimasu ka

Ôsaka train quelle heure départ fait

À quelle heure part le train pour Ôsaka ?

eki kônai de no kitsu.en wa go-enryô kudasai

gare enceinte habitude-de-fumer retenez-vous

Merci de ne pas fumer dans l'enceinte de la gare.

kaisha no dôryô to no yôroppa ryokô wa dô datta ?

entreprise collègues Europe voyage comment c'était ?

Comment s'est passé ton voyage en Europe avec tes collègues ?

140 | Dans une même phrase, on peut rencontrer des suites de noms + **no** + nom. Toutes sortes de cas sont possibles, voici quelques exemples :

• les déterminants s'enchaînent les uns aux autres :

Exemple › **kodomo no heya no kabe ni nihon no otera no**

enfants chambre murs Japon temples

shashin o harimashita

photos j'ai-fixé

Sur les murs de la chambre des enfants j'ai mis des photos de temples japonais.

• un bloc constitué d'un nom précédé d'un déterminant reçoit lui-même un déterminant.

Exemples › **musume no sansû no sensei wa totemo yasashii desu**

ma-fille maths professeur très est-gentil

Le professeur de maths de ma fille est très gentil.

kôtei no sumi no popura no ki no hô o nagamemashita

cour d'école coin peuplier arbre direction il-regarda

Il porta son regard vers le peuplier du coin de la cour de l'école.

• à l'intérieur d'une énumération où les noms sont coordonnés par **to**, **ya/toka** ou **ka** (cf § 129, 130, 132), chaque nom peut recevoir un déterminant.

Exemple › **heya no mado kara, eki no yane ya oodori no**

chambre fenêtre gare toits avenue

ki ga miemasu

arbres sont-visibles

De la fenêtre de ma chambre on voit les toits de la gare et les arbres de l'avenue.

141 | Dans une suite de phrases construites de façon parallèle et comportant un ensemble [nom + **no** + le même nom], il arrive que l'on pratique l'élision du nom support de la détermination, s'il est identique dans les deux phrases (ou plus).

Exemples › **ane no heya wa hiroi desu. otôto no heya wa semai desu**

ma-sœur-aînée chambre est-grande. mon-frère-cadet chambre est-petite

La chambre de ma sœur (aînée) est grande. La chambre de mon frère (cadet) est petite.

ane no heya wa hiroi desu. otôto no wa semai desu

ma-sœur-aînée chambre est-grande. mon-frère-cadet est-petite

La chambre de ma sœur (aînée) est grande. [Celle de] mon frère (cadet) est petite.

Chap. 2 ›

LA DÉSIGNATION DE LA PERSONNE

142 | La désignation de la personne peut se faire par des noms, propres ou communs ou par des désignatifs de la personne. Dans les deux cas il s'agit de mots invariables et dans les deux cas, l'emploi est le même, identique à celui de tous les noms : ils doivent être suivis de la particule indiquant leur fonction dans la phrase.

Sec. 1 ›

DÉSIGNATION PAR UN NOM PROPRE OU UN NOM COMMUN

143 | Noms propres

La manière la plus usuelle de désigner une personne lorsqu'on s'adresse à elle (2e personne) ou lorsqu'on parle d'elle (3e personne), c'est d'utiliser son nom propre, suivi d'un suffixe qui varie en fonction de la relation entre le locuteur et cette personne. On peut parler là encore de degrés moins, moyen et plus.

• degré moyen : suffixe **san**

Exemple › **sumisu-san wa amerikajin de wa nai desu ka**

Mr-Smith personne-américaine n'est pas

Est-ce que M. SMITH ne serait pas américain ?

• degré moins : suffixe **kun** (masculin) **chan** (féminin), pour des enfants ou des amis très proches.

Exemples › **tsutomu-kun wa sakkâ ga yoku dekimasu ne**

Tsutomu football bien est-possible

parlant de lui : *Comme il est bon en foot !*

s'adressant à lui : *Quel as du foot tu fais !*

michiko-chan wa kawaii wa ne

Michiko est-mignonne

parlant d'elle : *Comme elle est mignonne !*

s'adressant à elle : *Comme tu es mignonne !*

• degré plus : **sama** envers des personnes à qui on veut exprimer du respect.

Exemple › **otô-sama wa o-genki deshô ka**

votre-père bonne-santé ce-peut-être

Comment va votre père ?

La valeur de ce suffixe est de marquer le respect, mais il peut aussi a contrario être utilisé pour exprimer la dérision, la moquerie.

Exemple › **anata-sama wa kitto shitte iru deshô**

toi (+ironie) certainement doit-savoir

Quelqu'un d'aussi fort que toi doit savoir, bien sûr !

144 | Un rappel : un nom propre de personne japonaise comporte toujours en premier le nom de la famille suivi du prénom (cf préambule).

Exemple › *MURAKAMI* (nom) *Haruki* (prénom)

Il est à noter que pour les époques plus anciennes, le nom de la famille est suivi d'un nom personnel qui est souvent celui sous lequel le personnage est connu, le nom de famille n'étant même plus cité. Ainsi, pour prendre l'exemple d'un peintre bien connu, *Hokusai* est son nom personnel. Le nom de famille est *KATSUSHIKA*. Le nom entier est *KATSUSHIKA Hokusai*.

145 | Il existe deux cas extrêmes où le nom propre n'est suivi d'aucun suffixe.

1) relation très familière, par exemple à l'intérieur de la famille, d'un parent à un enfant, où seul est employé le prénom.

Exemple › **tsutomu, chotto kotchi ni koi**

Tsutomu un-peu par-ici viens

Tsutomu, viens un peu par ici !

2) évocation de personnages célèbres, avec lesquels le locuteur n'a évidemment aucun lien direct.

Exemple › **kawabata yasunari wa 1968 nen ni nôberu bungakushô**
Kawabata Yasunari 1968 année Nobel prix-de-littérature
o jushô-shimashita
réception-d'un-prix a-fait
KAWABATA Yasunari a reçu le prix Nobel de littérature en 1968.

146 | Nom commun
• Dans le cadre familial, on utilise volontiers les termes de parenté plutôt que le prénom.
Exemple › **oniisan wa kimi yori sûgaku ga yoku dekimasu yo**
mon-frère-aîné toi plus-que maths bien sont-possibles
Mon grand frère est plus fort en maths que toi !
(Cf le tableau des termes de parenté Annexe 2.)

• Dans les milieux professionnels, on peut utiliser le nom de la fonction comme suffixe :
Exemple › **yamamoto-buchô wa irasshaimasu ka**
Yamamoto directeur se-trouve
Est-ce que M. le directeur YAMAMOTO est là ?

Sec. 2 › DÉSIGNATION PAR UN DÉSIGNATIF DE LA PERSONNE

147 | Il est possible de désigner une 2e ou une 3e personne, par l'emploi de désignatifs de la personne. Dans les deux cas, il y a une diversité de termes, dont l'emploi est lié au contexte relationnel et à la situation : différence homme/femme, positions sociales respectives, hiérarchies, type de relation, ainsi qu'au type de discours. Ces termes ne forment pas un système, chacun présente des contraintes d'emploi particulières. Leur emploi n'est pas non plus symétrique entre les deux locuteurs. Un locuteur hiérarchiquement plus haut placé pourra employer un terme familier vis à vis de son interlocuteur, qui lui se limitera aux termes neutres voire déférents. Les désignatifs de la personne sont syntaxiquement équivalents à des noms. Ils ne peuvent être employés que suivis d'une particule indiquant leur fonction dans la phrase (à part en cas d'apostrophe).

148 | <u>2e personne : **anata** *tu, vous*</u>

anata s'emploie :

• soit dans une relation très familière, dans la bouche d'une femme (entre époux, entre amies)

Exemple › **anata kôhi o nomu ?** [une femme à son mari]

toi café tu-bois

Tu veux un café ?

anata peut être alors abrégé en **anta**, encore plus familier.

• soit dans un sens indéfini, comme, par exemple dans les slogans publicitaires ou à l'adresse d'un public, lecteur ou auditeur :

Exemple › **anata no o-nozomi doori no hoteru ga mitsukeraremasu**

vous votre-espoir selon hôtel nous-pouvons-trouver

Nous pouvons vous trouvez un hôtel selon vos rêves.

Il possède deux pluriels : **anatatachi** et **anatagata**. **anatagata** s'emploie envers des personnes à qui on veut exprimer de la déférence.

Exemples › **anatatachi wa ittai doko ni iru no**

vous donc où vous-vous-trouvez

[au téléphone, une femme à une autre d'un groupe]

Où est-ce que vous êtes donc ?

anatagata no okage de konna rippa na byô.in ga

vous grâce-à un-tel est- superbe hôpital

taterareta no de wa nai deshô ka

a-pu-être-construit n'est-ce-pas-que

N'est-ce pas grâce à vous qu'un si magnifique hôpital a pu être construit ? [discours officiel d'inauguration face à des donateurs]

149 | <u>2e personne : **kimi** *tu*</u>

kimi s'emploie normalement entre garçons/hommes, dans un langage familier, non formel. Il est parfois utilisé aussi par des femmes dans une relation de hiérarchie, envers un inférieur (école, entreprise). Il est enfin utilisé dans un couple par un homme s'adressant à sa femme.

Exemples › **kimi no musuko wa shôgakkô no sannensei desu ne**
toi fils école-primaire élève-de-3e-année c'est
[un homme à un ami]
Ton fils est bien en 3e année de primaire ?
oo ! kimi mo iku kai [un jeune homme à un ami]
ah toi tu-vas
Ah ! Tu y vas toi aussi ?

Il possède un pluriel : **kimitachi**.
Exemple › **kimitachi no otôsan no tokoro ni ikô yo**
vous père endroit allons
[un homme à trois frères]
Allons chez votre père !

150 | 2e personne : **omae** *tu*
omae s'emploie exclusivement entre garçons/hommes, dans un langage extrêmement familier. Il est parfois utilisé dans un couple par un homme s'adressant à sa femme.
Exemples › **omae, bangohan no shitaku ga dekita ?**
toi dîner préparatifs sont-terminés
[un mari à sa femme]
Le dîner est prêt ?
omae no musume wa majime na hito da nee
toi fille est-sérieuse être-humain c'est
[un homme à un ami]
Ta fille est une personne bien sérieuse !

Il a un pluriel : **omaetachi**.
Exemple › **omaetachi no ato o tsukete kita n da zo**
vous traces je-me-suis-attaché-à
[un garçon à d'autres garçons]
J'ai suivi vos traces, les gars !

151 | 3e personne : **kare** *il*, **kanojo** *elle*, **karetachi** *ils*, **kanojotachi** *elles*
L'usage est d'utiliser un nom propre ou commun pour parler d'une tierce personne (cf § 143 à 146). Il existe cependant deux termes **kare** *il* et **kanojo** *elle*, qui appartiennent au langage familier.

Exemple › **kono kêki ? kanojo ga motte kita yo**

ce gâteau elle a-apporté

[une jeune femme à des amies]

Ce gâteau ? C'est elle qui l'a apporté.

Ces deux termes se sont lexicalisés et sont employés comme véritables noms au sens de *petit ami* (**kare**) et *petite amie* (**kanojo**).

Exemple › **kare ga iru no** *Tu as un petit ami ?* (litt. : *Tu as un « il » ?*)

Ils possèdent des pluriels : **karera** (moins utilisé : **karetachi**) et **kanojotachi** (plus rare : **kanojora**).

152 | Il existe une série de désignatifs de 1ère personne, qui s'utilisent dans les cas où le locuteur a besoin de se désigner lui-même: *je, moi*, ou de désigner un ensemble de personnes auquel il appartient : *nous*. C'est par exemple pour indiquer la possession, dans des cas d'emphases, ou quand ce terme a fonction de complément.

153 | **watakushi, watashi, atashi.** C'est le même terme de départ, mais avec des variantes, qui correspondent chacune à un emploi bien précis.

- **watakushi** appartient à un langage plutôt soutenu, un style plutôt formel.

Exemple › **watakushi wa shôrai seijika ni naritai to omoimasu**

moi avenir homme-politique je-veux-devenir je-pense-que

Dans l'avenir je voudrais devenir un homme politique.

[un élève au directeur de l'école]

Il a deux pluriels : **watakushitachi** (cf § 123) et **watakushidomo**.**watakushitachi** s'emploie dans les mêmes conditions que **watakushi**.

Exemple › **kyô wa watakushitachi no gakkô no setsuritsu no**

aujourd'hui nous école fondation

ki.nenbi desu

l'anniversaire c'est

Aujourd'hui c'est l'anniversaire de la fondation de notre école.

[discours du directeur]

watakushidomo relève d'un langage plus formel et désigne un *nous* plus distant.

Exemple › **watakushidomo no kôjô no kengaku o hajimemashô**

nous usine visite commençons

Commençons la visite de notre usine. [discours d'un cadre de l'usine]

• **watashi** appartient au langage féminin. Employé par un homme, il dénote un langage plutôt soutenu.

Exemples › **watashi to masako-chan wa tomodachi ni narimashita**

moi Masako amies nous-sommes-devenus

Masako et moi, on est devenues amies. [une petite fille à sa mère]

watashi niku wa tabemasen yo

moi viande je-ne-mange-pas

Moi, je ne mange pas de viande. [une femme à ses amies]

Pluriel : **watashitachi**.

Exemple › **watashitachi wa shakaika de futatsu no koto o manabimasu**

nous sciences-sociales deux choses nous-étudions

En sciences sociales nous étudions deux choses. [écrit par un élève]

• **atashi** est employé uniquement par les femmes et de façon familière.

Exemple › **atashi sugu kaette kuru yo**

moi immédiatement je-rentre

Je rentre tout de suite. [une jeune fille à son frère aîné]

Pluriel : **atashitachi**.

Exemple › **atashitachi wa kyô gakkô o sabotta**

nous aujourd'hui école avons-séché

Aujourd'hui, on a [nous avons] séché l'école. [dit par une fille d'un groupe]

154 | Il existe un pluriel particulier pour *nous*, auquel ne correspond pas de singulier : **wareware**, appartenant à un langage très formel, utilisé exclusivement pour désigner un groupe constitué, par exemple dans un discours politique. Il peut être accolé à un nom.

Exemples › **wareware no ofisu made oide kudasai**

nous bureaux veuillez-venir

Veuillez venir jusqu'à nos bureaux.

wareware nihonjin wa sensô ni hantai da

nous les-Japonais guerre sommes-contre

Nous, les Japonais sommes contre la guerre.

155 | **boku** appartient au langage masculin familier.

Exemple › **kinô boku wa niisan to yama ni noborimashita yo**

hier moi mon-grand-frère montagne j'ai-grimpé

Hier moi j'ai grimpé sur la montagne avec mon grand frère.

[un petit garçon à un copain]

Pluriel : **bokutachi**.

Exemple › **korekara bokutachi no katsudô ga hajimarimasu**

à-partir-de-là nous activité commence

C'est à partir de là que commence notre [à nous les élèves] activité.

[un petit garçon à la classe]

156 | **ore** appartient au langage masculin viril.

Exemple › **yoshi. ore mo makenai zo**

bon moi je-ne-perdrai-pas

Courage ! Je ne vais pas me laisser avoir !

Pluriel : **oretachi**.

Exemple › **oretachi wa yonaka made kôen de shabette ita**

nous minuit parc bavardions

On est restés [nous sommes restés] jusqu'à minuit dans le parc à discuter. [dit par un garçon d'un groupe]

157 | Pour tous les déterminatifs employés dans des situations de familiarité, la particule **wa** fait très souvent l'objet d'une ellipse.

Exemples › **kimi, nani o yonde iru no ka ne**

toi quoi tu-lis

Qu'est ce que t'es donc en train de lire ?

[d'un jeune homme à un camarade]

watashi, ototoi kara mainichi o-mukae ni kite ita no yo

moi avant-hier chaque-jour rencontre je-suis-venue

Depuis avant-hier, je venais voir si vous étiez arrivées.

[une jeune fille à des amies]

Chap. 3 ›

MOTS INTERROGATIFS ET MOTS INDÉFINIS

158 | Mots interrogatifs et mots indéfinis

Mots interrogatifs et mots indéfinis sont liés du fait que les trois séries de mots indéfinis sont dérivés des mots interrogatifs par adjonction d'un suffixe.

Sec. 1 ›

MOTS INTERROGATIFS

159 | Mots interrogatifs

Les mots interrogatifs sont de deux sortes : mots simples et expressions composées.

160 | Mots simples

INTERROGE SUR		
le temps	**itsu**	*quand ?*
le lieu	**doko**	*où ?*
la personne	degré moyen: **dare** degré plus : **donata**	*qui ?*
l'objet	**nani/nan**[*]	*quoi ?*
le choix entre des objets	**dochira/dotchi**	*lequel des deux?*
	dore[**]	*lequel ? (parmi plus de deux)*
la manière	**dô** **ikaga**	*comment ?* *comment ?*
la raison	**naze**	*pourquoi ?*
le nombre	**ikutsu**	*combien ? (quel nombre ?)*
le prix	**ikura**	*combien ?*

[*] **nani** devient **nan** devant **t, d, n, b, m** et parfois **s, sh**.
[**] Il subsiste dans des formules figées un équivalent ancien : **izure**.

161 | Une question peut être rendue moins précise par l'adjonction d'un suffixe au mot interrogatif :
– pour le temps : **-goro** > **itsugoro** *à peu près quand ?*

– pour une quantité : **-gurai** > **ikutsugurai/donogurai** (qui se dit aussi **donokurai**) *à peu près combien ?*
– pour un prix : **gurai** > **ikuragurai** *à peu près combien ?*

162 | Il existe deux adjectifs interrogatifs, employés en fonction déterminante devant un nom.

1) **dono** interroge sur l'identité.

Exemple › **kekkyoku dono kâpetto o erabimashita ka**
finalement quel tapis tu-as choisi
Finalement tu as choisi quel tapis ?

2) **donna** interroge sur la qualité.

Exemple › **tamura-san wa donna hito desu ka**
Tamura quelle-sorte être-humain c'est
TAMURA c'est quel genre de personne ?

donna peut être transformé en adverbe par l'adjonction de la particule **ni** > **donna ni**, mais ne s'emploie que dans deux contextes :

• des phrases exclamatives

Exemple › **donna ni odoroku darô**
de-quelle-façon doit-être-surpris
Comme il va être surpris !

• des phrases où la présence de la particule **mo** transforme un ensemble en expression indéfinie (cf Section 2)

Exemple › **donna ni benkyô shite mo shiken ni wa**
de-quelle-façon même-si-je-travaille examen
gôkaku-dekinakatta
succès n'a-pas-été-possible
J'ai eu beau travailler, je n'ai pas pu avoir mon examen.

163 | S'emploie aussi en fonction déterminante l'expression **dô iu**, litt. : *qui se dit comment ?*, et qui appelle une définition comme réponse.

Exemple › **shakaigaku wa dô iu mono desu ka**
sociologie comment se-dit chose c'est
Qu'est-ce que la sociologie ?

164 | <u>Expressions composées</u>

Elles le sont à partir de deux mots interrogatifs simples : **nani/nan** et **dô**, ainsi que des deux adjectifs interrogatifs **dono** et **donna** (cf § 162).

• **nani/nan** suivi d'un nom qui précise la nature des objets concernés ou la mesure visée interroge sur un chiffre ou un nombre :

Exemples › **nan-ji** *quelle heure ?* **nan-nen** *quelle année ?* **nan-kai/ nan-do** *combien de fois ?* **nan- nin** *combien de personnes ?* **nan-kiro** *combien de kilomètres/kilogrammes ?*

• à partir de **dô** *comment*, se forment de nombreuses expressions interrogeant sur la manière = *comment ?*

Exemples › **dô iu fû ni** (litt. : *d'une manière qui se définit comment ?*), **dôshite, dôyatte** (litt. : *en faisant comment ?*)

165 | <u>Syntaxe des mots interrogatifs</u>

<u>Mots simples</u>

• Une partie des mots interrogatifs s'emploie toujours sans particule : **dô, naze, ikura, ikaga, donogurai**.

Exemples › **ikuragurai desu ka**

à-peu-près-combien c'est

Ça coûte à peu près combien ?

donogurai kakarimasu ka

à-peu-près-combien ça-prend

Ça prend combien de temps environ ?

taniguchi-san wa, dô omoimasu ka

Mme-Taniguchi comment vous-pensez

Et vous, Mme TANIGUCHI, qu'est ce que vous en pensez ?

• **itsu, itsugoro** et **ikutsu** peuvent s'employer avec les particules **kara** et **made**.

Exemple › **<u>itsugoro</u> kara nihon ni taizai-shite imasu ka**

quand-environ Japon séjour vous-faites

Depuis quand à peu près séjournez-vous au Japon ?

• **doko, dare/donata, nani/nan, dore, dochira/dotchi** s'emploient comme des noms, c'est à dire sont suivis de la particule correspondant à leur fonction dans la phrase y compris la fonction de détermination.

Exemples › **furansu-ryôri to chûkaryôri de wa dochi ga suki desu ka**

cuisine-française cuisine-chinoise laquelle est-aimée

Entre la cuisine française et la cuisine chinoise, laquelle préférez-vous ?

maria wa doko no kuni no hito desu ka

Maria où pays être-humain c'est

Maria, vous êtes de quel pays ?

Expressions interrogatives

• les expressions formées à partir de **dô** s'emploient sans particule.

Exemple › **dôshite sonna hidoi sêta o kaimashita ka**

pourquoi ce-genre est-hideux pull tu-as-acheté

Pourquoi tu as acheté un pull aussi affreux ?

• les expressions formées à partir de **nani/nan** peuvent s'employer, selon le mot qui en constitue la seconde partie, soit sans particule (cf § 185) soit avec les particules **ni, kara** ou **made** et le **no** de détermination.

Exemple › **ôsaka kara no hikôki wa nan ji ni tsukimasu ka**

Ôsaka avion quelle heure arrive

À quelle heure arrive l'avion d'Ôsaka ?

• les ensembles formés par **dono** et **donna** + le nom qu'ils déterminent s'emploient comme des noms simples ; ils reçoivent une particule correspondant à leur fonction dans la phrase.

Exemples › **ensoku no toki donna koto o shimashita ka**

sortie-de-classe moment quelle-sorte chose vous-avez-fait

Quel genre d'activité vous avez fait pendant la sortie (de classe) ?

jitensha no hakubutsukan wa dono hen ni arimasu ka

bicyclette musée quels environs se-trouve

Dans quel coin se trouve le Musée de la bicyclette ?

Sec. 2 ›

MOTS INDÉFINIS

166 | Mots indéfinis

À partir des mots interrogatifs simples, ainsi qu'à partir des expressions composées, on peut dériver trois sortes de mots indéfinis, par l'adjonction d'un suffixe.

167 | <u>Mots indéfinis, série en **-ka**</u>

Par l'adjonction d'un suffixe **-ka** à certains mots interrogatifs simples sauf **naze** et **dô** on obtient une première série d'indéfinis : *un certain, quelque...*

MOT INTERROGATIF	MOT INDÉFINI	
itsu *quand*	**itsu-ka**	*un jour*
doko où	**doko-ka**	*quelque part*
dare/donata *qui*	**dare-ka/ donata-ka**	*quelqu'un*
nani *quoi*	**nani-ka**	*quelque chose*
ikutsu *combien*	**ikutsu-ka**	*un certain nombre*
ikutsu *combien*	**ikura-ka**	*une certaine quantité*

• **itsuka**, **ikutsuka** et **ikuraka** s'emploient sans particule.

Exemple › **itsuka mata aimashô**

un-jour de-nouveau rencontrons-nous

Nous nous reverrons un de ces jours.

• **dokoka, dareka/donataka, nanika** sont suivies de la particule demandée par leur fonction dans la phrase.

Exemple › **tashika ni dokoka <u>ni</u> kakurete imasu**

sûrement quelque-part il-se-cache

Il se cache sûrement quelque part.

Certaines expressions formées sur **nani/nan** peuvent aussi recevoir ce suffixe :

nan-nin-ka *un certain nombre de personnes*

nan-kiro-ka *un certain nombre de kilomètres/kilogrammes*

Exemple › **oji wa nan-nenkan-ka chûgoku de sugoshimashita**

mon-oncle un-certain-nombre-d'années Chine a-vécu

Mon oncle a vécu un certain nombre d'années en Chine.

168 | <u>Mots indéfinis, série en **-demo**</u>

Par l'adjonction d'un suffixe **-demo** aux mots interrogatifs simples (sauf **naze** et **ikaga**), on obtient une autre série : *n'importe...*

MOT INTERROGATIF	MOT INDÉFINI	
itsu *quand*	**itsu-demo**	*n'importe quand*
doko *où*	**doko-demo**	*n'importe où*
dare/donata *qui*	**dare-demo/ donata-demo**	*n'importe qui*
nan *quoi*	**nan-demo**	*n'importe quoi*
dore *lequel*	**dore-demo**	*n'importe lequel*
dochira/dotchi *lequel des deux*	**dochira-demo/ dotchi-demo**	*n'importe lequel des deux*
dô *comment*	**dô-demo**	*n'importe comment*
ikutsu *combien*	**ikutsu-demo**	*n'importe quel nombre*
ikura *combien*	**ikura-demo**	*n'importe quelle quantité*

Les expressions formées sur **nan** et les ensembles formés avec **dono** et **donna** peuvent aussi recevoir ce suffixe.

Exemples › **kono kamera wa donna <u>baka</u> demo kantan ni tsukaemasu**

cet appareil-photo n'importe-quel-genre-d'imbécile simplement peut-utiliser

N'importe quel imbécile peut utiliser facilement cet appareil photo.

dono <u>yasai</u> demo taberaremasu

n'importe-quel-légume je-peux-manger

Je peux manger n'importe quel légume.

169 | <u>Cas du suffixe **-mo**</u>

Selon les mots, la composition avec le suffixe **-mo** a produit divers résultats. Ce qui est commun, c'est l'idée de totalité qu'apporte ce suffixe.

Totalité positive

MOT INTERROGATIF	MOT INDÉFINI	
doko *où*	**doko-mo**	*tous les lieux, partout*
dore *lequel**	**dore-mo**	*tous/toutes*
dochira/dotchi *lequel des deux*	**dochira-mo/ dotchi-mo**	*tous les deux*

*Il faut ajouter le mot indéfini formé à partir de l'ancien interrogatif : **izure-mo** *tous/ toutes* (cf § 160).

Exemple › **kyô wa mise wa dokomo shimatte imasu**
aujourd'hui magasins partout sont-fermés
Aujourd'hui, tous les magasins sont fermés
(litt. : *les magasins partout*).

Les expressions interrogatives avec **nani/nan**, et les ensembles formés avec **dono** et **donna** peuvent aussi donner par l'intermédiaire du suffixe **mo** une expression indéfinie exprimant la totalité :

Exemples › **donna hito mo** *tout le monde*
donna yasai mo *toutes les sortes de légumes*
dono hon mo *tous les livres*

Totalité négative

Certaines compositions ne s'emploient que dans une phrase négative.

– **daremo** *personne*

Exemple › **dono heya ni mo daremo inai**
aucune-pièce personne ne-se-trouve-pas
Il n'y a personne dans aucune pièce.

– **nanimo** *rien* (parfois prononcé **nannimo**)

Exemple › **kurai desu. nanimo miemasen**
est-sombre. rien on-ne-voit-pas
Il fait sombre. On ne voit rien.

Cas à part : **ikutsumo** une quantité indéterminée mais nombreuse : *plein de, beaucoup*, qui peut s'utiliser comme déterminant par l'intermédiaire de **no** :

Exemples › **watashi wa pen o ikutsumo motte imasu**

moi stylos plein-de je-tiens

J'ai plein de stylos.

eki no chikaku ni wa ikutsumo no mise ga

gare proximité plein-de magasin

atsumatte imasu

sont-rassemblés

À proximité de la gare se concentrent un grand nombre de commerces.

Certaines compositions se sont lexicalisées, c'est à dire qu'elles sont devenues des mots autonomes cités dans les dictionnaires, où on ne sent plus la dérivation.

– **itsumo** (litt. : *tous les moments)* a pris le sens de *toujours*.

– **dômo** (litt. : *de toutes les façons > vraiment*) est utilisé dans des formules comme **dômo arigatô** *merci*, où même, par élision, **dômo** finit par prendre tout seul le sens de *merci*.

Chap. 4 ›

LE SYSTÈME DES DÉMONSTRATIFS

170 | Le japonais possède un système complet de mots démonstratifs.
Un démonstratif sert à « montrer ». Il faut distinguer deux cas :

• 1er cas : le démonstratif sert à désigner un objet/être/état présent dans la situation et s'emploie généralement accompagné d'un geste de la main.

Exemple › **ano tatemono ga miemasu ka**

ce-là-bas bâtiment est-visible

Vous voyez ce bâtiment là-bas ?

• 2e cas : le démonstratif s'emploie pour rappeler une réalité qui a été présentée dans un énoncé précédent.

Exemple › **tanjôbi ni tomodachi kara <u>hon</u> no puresento o**

anniversaire ami livre cadeau

moraimashita. sono <u>hon</u> wa suirishôsetsu desu

j'ai-reçu ce livre roman-policie c'est

J'ai reçu cadeau d'un livre de la part d'un ami pour mon anniversaire. Ce livre [dont je viens de parler] est un roman policier.

171 | Le système des démonstratifs s'organise autour de <u>trois radicaux : **ko-**, **a-** et **so-**</u> desquels sont dérivés des séries complètes de termes qui équivalent syntaxiquement à des noms, des adjectifs ou des adverbes.

	ÉQUIV. NOM	ÉQUIV. NOM DE PERS.	ÉQUIV. NOM DE LIEU 1	ÉQUIV. NOM DE LIEU 2
ko-	**kore/ korera**	**koitsu**	**koko**	**kochi*/ kochira**
a-	**are/arera**	**aitsu**	**asoko**	**achi*/ achira**
so-	**sore/ sorera**	**soitsu**	**soko**	**sochi*/ sochira**

* Il existe des doublets plus familiers : **kotchi**, **atchi**, **sotchi**.

	ÉQUIV. ADJECTIF 1	ÉQUIV. ADJECTIF 2	ÉQUIV. ADVERBE
ko-	**kono**	**konna**	**kô**
a-	**ano**	**anna**	**â**
so-	**sono**	**sonna**	**sô**

172 | 1er cas : le démonstratif sert à désigner un objet/être/état présent dans la situation. Il concerne les dérivés des trois radicaux, avec un emploi bien spécifique pour chaque série :

• **ko-** sert à désigner la réalité proche, ce qui est immédiatement présent autour du locuteur, ici, maintenant.

Exemple › **kono kuruma wa otôsan no kuruma desu**

cette voiture mon-père voiture c'est

Cette voiture (qui est juste là devant moi) c'est la voiture de mon père.

• **a-** sert à désigner une réalité éloignée du locuteur. Soit physiquement, soit mentalement. Dans ce dernier cas, l'éloignement peut-être positif : admiration, déférence, ou négatif : mépris.

Exemple › **boku wa anna eiga wa daikirai desu**

moi ce-genre film est-détestable

Je déteste ce genre de films.

• **so-** représente une valeur moyenne. Ce qui touche en commun le locuteur et l'interlocuteur, ce qui est à distance égale des deux.

Exemples › **kono heya wa watanabe-san no jimusho desu**

cette-ici pièce Mme-Watanabe bureau c'est

Ici (la pièce où nous nous trouvons), c'est le bureau de Mme WATANABE.

ano heya wa kisha no jimusho desu.

ces-là-bas pièces journalistes bureau c'est

Les pièces là-bas, ce sont les bureaux des journalistes.

sono heya wa machiaishitsu desu

cette-là pièce salle-d'attente c'est

Cette pièce-là (pas loin de nous), c'est la salle d'attente.

173 | 2e cas : le démonstratif a seulement un rôle de rappel. Il sert à évoquer à nouveau une réalité présentée dans un énoncé précédent et appartenant donc à la connaissance des deux interlocuteurs. C'est le rôle particulier de la série des dérivés de **so-**.

Exemples › **kinô no yoru eiga o mimashita. sono eiga wa dai-ni-ji**

hier soir film j'ai-regardé ce (en question) film second

sekai taisen no hanashi deshita.

monde conflit histoire c'était

J'ai regardé un film hier soir. Il [ce film] parlait de la Seconde Guerre mondiale.

kayôbi ni shûberuto no CD o kaimashita. mainichi

mardi Schubert CD j'ai-acheté. chaque-jour

sono CD o kikimasu

ce (en question) CD j'écoute

Mardi j'ai acheté un disque de SCHUBERT. Je l'écoute [ce disque] tous les jours.

174 | La série **kore, are, sore** équivalent de noms, sert à désigner des objets en remplissant les rôles joués en français par : *ceci, cela, celui-ci, celui-là ça, ceux-ci, ceux-là, celles-ci, celles-là*. Il est difficile de donner un équivalent terme à terme, dans le mesure où le français fonctionne sur un système binaire, là où le japonais présente un système ternaire. Comme tout nom, cet élément devra être suivi d'une particule marquant sa fonction dans la phrase ou être suivi directement par l'actualisateur.

Exemple › **kore wa nan desu ka**

ceci quoi c'est

Qu'est-ce que c'est ? (litt : *ça (là tout près de moi) c'est quoi ?*)

Les pluriels **korera, sorera** remplissant les rôles de : *ceux-ci, ceux-là, celles-ci, celles-là* sont d'usage rare, limités à la langue écrite, et dans les cas où le pluriel doit être exprimé pour une éviter une ambigüité et mettre en avant l'idée de diversité. Souvent employés en fonction déterminante, suivis de **no**, ils permettent de former un pluriel pour les équivalents adjectifs (cf § 178) : *ces*.

Exemple › **watakushi wa korera no iken ni dôi-shimasu**

moi ces opinions accord je-fais

Je suis d'accord avec ces [diverses] opinions.

175 | La série équivalent de noms de personnes : **koitsu, soitsu, aitsu,** n'est utilisée que dans un sens péjoratif : *ce type, ce type-là*.

Exemple › **aitsu wa dame na hito da yo**

ce-type-là bon-à-rien être-humain c'est

Ce type-là est vraiment un bon-à-rien.

176 | La série équivalent de noms de lieux 1 : **koko, asoko, soko**, remplit les rôles de : *ici, là, là-bas*.

Exemples › **koko kara eki made basu de jû-go fun kakarimasu**

ici gare bus quinze minutes ça-prend

D'ici, ça prend quinze minutes en bus jusqu'à la gare.

kimi no hon wa soko ni arimasu

toi livre là se-trouve

Il est là ton livre.

asoko ni yama ga miemasu

là-bas montages sont-visibles

Là-bas on voit des montagnes.

177 | La série d'équivalents de noms de lieux 2 : **kochi/kochira, achi/achira, sochi/sochira**, désigne de façon moins précise : *de ce côté ci, de ce côté là*.

Exemples › **omocha uriba wa achira desu**

jouets rayon par-là-bas c'est

Le rayon des jouets c'est par là-bas.

kochira ni kite kudasai

ce-côté-ci venez

Venez par ici (près de moi).

Il est à noter que **kochira** et **sochira** peuvent servir à désigner des personnes dans des situations formelles, souvent dans le cas de présentations. **kochira** : *cette personne qui est près de moi* ; **sochira** : *cette personne qui est près de nous*.

Exemple › **kochira wa watanabe-sensei desu**

ce-côté-ci Watanabe- professeur c'est

Je vous présente le professeur WATANABE. (litt. : *ce côté-ci c'est*)

178 | Les deux séries équivalentes d'adjectifs. **kono, ano, sono** remplissent les rôles de *ce/cet, cette, ces*. **konna, anna, sonna** remplissent les rôles de *un tel, une telle, de tels, de telles*. Tous ces termes ne s'emploient qu'en fonction déterminante (cf § 133) placés directement devant un nom.

• **kono/ano/sono** servent à évoquer la présence de l'objet/être/état, ou son rappel (**sono**).

Exemples › **anata wa kono CD o kikimashita ka**

toi ce-ici CD as-écouté

Tu as écouté ce CD ?

ano otoko no ko wa watashi no musuko desu

ce-là-bas petit-garçon moi mon-fils c'est

Ce petit garçon là-bas, c'est mon fils.

minako-san wa totemo omoshiroi sakubun o kakimashita.

minako très est-intéressante rédaction a-écrit

ato de sensei ga sono sakubun o kokuban ni kakimashita

ensuite professeur ce (en-question) rédaction tableau a-écrit

Minako a écrit un texte très intéressant. Ensuite le professeur l'a copié [ce texte] au tableau.

• **konna/anna/sonna** servent à évoquer la qualité, la nature de l'objet évoqué ou montré, exprimant un jugement affectif du locuteur.

Exemples › **atashi wa anna fuku wa kimasen yo**

moi de-ce-genre vêtements je-ne-porte-pas

Je ne porte pas ce genre de vêtements.

dôshite anna tokoro ni sunde imasu ka. wakarimasen

pourquoi de-ce-genre lieu il-habite. je-ne-comprends-pas

Pourquoi habite-t il dans un pareil endroit ? Je ne comprends pas.

179 | La série équivalent d'adverbes : **kô, â, sô** remplit le rôle de *ainsi*, exprime toujours la manière et se place donc directement devant le verbe.

Exemple › **tadashi-kun wa kô iimashita : « boku wa iya desu »**

Tadashi ainsi a-dit moi est-détestable

Tadashi a dit [comme ça]: « Moi je ne veux pas ! »

a sô desu ka

Ah bon ! (litt. : *c'est ainsi [comme vous dites] ?*)

Les équivalents d'adjectifs de la série **konna, anna, sonna** peuvent être transformées en adverbes par l'adjonction de la particule **ni** (cf § 191) : **konna ni, anna ni, sonna ni** *si, tellement*.

Exemple › **sono eiga wa sonna ni omoshiroi desu ka**

ce film tellement est-intéressant

Il est tellement intéressant ce film [dont nous parlons] ?

180 | Expressions composées. **kô, sô** de la série équivalent adverbe et **kono, sono** de la série équivalents adjectifs servent de base à de nombreuses expressions utilisées comme déterminants.

• **kono yô na, sono yô na** servent à évoquer la qualité d'un objet d'après une estimation personnelle mais de façon plus objective que **konna** et **sonna**, litt. : *d'une telle apparence.*

Exemple › **kono yô na taichô de wa, ryokô wa muri deshô**

un-tel état-du-corps voyage ce-serait-déraisonnable

Dans votre état (litt. : *un état qui m'apparaît ainsi*), *un voyage ne serait pas raisonnable.*

• **kô iû, sô iu** (litt. : *que l'on dit ainsi*) expriment un jugement qui est partagé de façon générale.

Exemple › **jinsei to wa kô iu mono desu**

vie-humaine ainsi dire chose c'est

C'est ça la vie !

• **kô shita, sô shita** (litt. : *qui se faisait comme je viens de le dire*) vient après un développement un peu long, pour reprendre en un mot tout ce qui a été dit.

Exemple › **senjichû wa, tabemono mo fuku mo seikatsu no**

pendant-la-guerre nourriture vêtements vie

tanoshimi mo roku ni nakatta. kô shita jôkyô no naka de,

plaisirs presque-pas n'existait-pas ainsi se-faisaient conditions dedans

hitobito wa kenmei ni ikite ita

les-gens à-toute-force vivaient

Pendant la guerre, il n'y avait presque pas de nourriture, de vêtements, de plaisirs de la vie. C'est dans de telles conditions que les gens ont lutté pour survivre.

Chap. 5 ›

LE SYSTÈME NUMÉRAL

181 | Le système numéral

Le japonais possède deux systèmes numéraux. L'un, complet, est celui qui a été adopté de la Chine. L'autre, très parcellaire, est ce qui reste d'un ancien système indigène.

182 | Le système chinois

Il inclut des unités de 0 à 10, puis *100* **hyaku**, *1000* **sen** et enfin une unité de *10000* **man**. C'est sur la base *10000* que sont construites les unités supérieures : *1.0000.0000* **oku**, *10000.0000.0000* **chô**, etc.

À partir de 10, un nombre se construit selon deux principes : le chiffre qui figure avant l'unité (10, 100...) le multiplie, et le chiffre qui figure après s'y additionne.

Exemple › avec *100* **hyaku** :
go (*5*) **hyaku** (*100*) > 5x100 = 500
hyaku (*100*) **go** (*5*) > 100+5 = 105
Une description complète du système figure à l'Annexe 3.

183 | Les spécificateurs

• Les nombres peuvent s'employer tels quels dans le cadre des opérations arithmétiques. Étant employés de façon autonome, ils sont traités comme des noms et donc suivis de la particule correspondant à la fonction qu'ils occupent dans la phrase.

Exemple › **roku ni hachi o tasu to, jû-yon ni narimasu**
six huit on-ajoute quand quatorze ça-devient
Six et huit font quatorze (litt. : *si à six on additionne huit, cela devient quatorze*).

• Les nombres s'emploient aussi pour exprimer des résultats de mesures : poids, longueur, prix, surface, capacité, etc. Dans ce cas, ils sont directement suivis du nom de la mesure concernée : **hachi kiro** *8 kilos*, **go-hyaku kiro** *500 km/500kg*, **san-man en** *30.000* **yens**, **ni rîtoru** *deux litres*.

À noter la même abréviation **kiro** sert pour les kilo(mètres) et les kilo(grammes).

Exemple › **tôkyô kara kyôto made go-hyaku kiro arimasu**
Tôkyô Kyôto cinq-cents kilomètres existent
Il y a cinq cents km de Tôkyô à Kyôto.

• Ensuite, pour chaque type d'objets/personnes décomptés, le nombre doit être accompagné d'un spécificateur. Par exemple, pour des objets plats comme une feuille de papier : **mai** ; pour des véhicules : **dai** ; pour des personnes : **nin**, etc. Cf liste en Annexe 3.

Exemples › **ni-jû** *vingt* > **ni-jû-nin** *vingt* (pour des personnes), **ni** *deux* > **ni-dai** *deux* (pour des voitures)

184 | Le système japonais

Il ne comporte que des unités de 1 à 10, ainsi que quelques restes d'une numérotation à base 20. Cf Annexe 3.

185 | Emploi des expressions chiffrées

• Lorsqu'une expression chiffrée concerne un objet exprimé dans la phrase par un nom suivi des particules **ga**, **o**, **wa** ou **mo**, elle se place directement devant le verbe.

Exemples › **watashi no tanjôbi ni tomodachi o ni-jû-nin sôtai-shimashita**
moi anniversaire amis vingt-personnes invitation j'ai-fait
Pour mon anniversaire, j'ai invité vingt amis.

kono garêji ni wa kuruma ga ni-dai hairimasu
ce garage voitures deux-véhicules entrent
Dans ce garage, il rentre deux voitures.

tanjôbi ni ojiisan kara subarashii pokettonaifu o ip-pon moraimashita
anniversaire mon-oncle est-superbe canif un-objet-long j'ai reçu
Pour mon anniversaire, j'ai reçu de mon grand-père un superbe canif.

oba no ie de wa neko o san-biki katte imasu
ma-tante maison chats trois-petits-animaux on-élève
Chez ma tante, ils élèvent trois chats.

• Lorsque l'expression chiffrée concerne un objet exprimé par un nom suivi d'une autre particule, il est placé en fonction déterminante (cf § 133), c'est à dire devant le nom concerné et relié à lui par la particule **no**.

Exemples › **hon.ya to sakanaya o shitte imasu ka.**

libraire poissonnier vous-connaissez

watashi no ie wa sono futatsu no <u>mise</u> no aida ni arimasu

moi maison ces deux magasin intervalle se-trouve

Vous connaissez la librairie et le poissonnier ? Ma maison se trouve entre ces deux boutiques.

sensei wa seitotachi no hitori hitori no namae

professeur élèves une-personne une-personne noms

o yobimashita

a-appelé

Le professeur a appelé les noms des élèves un par un.

• un cas particulier : les expressions chiffrées comptant des personnes : **hitori** une personne, **futari** deux personnes, **sannin** trois personnes, etc. (cf Annexe 3), suivies de la particule **de**, expriment le nombre de personnes concernées par le procès : **hitori de** *tout seul*, **futari de** *tous les deux*, **sannin de** *tous les trois*...

Exemple › **okaasan to otôsan to san-nin de umibe o**

ma-mère mon-père à-trois-personnes bord-de-mer

sanpô-shimashita

promenade avons -fait

Nous avons fait une promenade, au bord de la mer tous les trois, mon père, ma mère [et moi].

186 | <u>Les modérateurs</u>

Il est possible par la présence d'un modérateur d'indiquer qu'un nombre est une indication imprécise.

• **gurai** *à peu près* ou **chikaku** *près de* se placent directement à la suite de l'expression chiffrée sans en modifier le fonctionnement syntaxique.

Exemple › **kotoshi wa ichinensei wa <u>san-jû-nin</u> gurai imasu**

cette-année élève-de-première-année trente-personnes environ existent

Cette année, il y a environ trente élèves en première année.

• **yaku** *à peu près*, se place avant.

Exemples › **watakushidomo no daigaku no toshokan ni wa,**

nous université bibliothèque

hon ga yaku go-man-satsu arimasu

livres environ cinq-man-volumes se-trouvent

La bibliothèque de notre université possède environ cinquante mille ouvrages.

jinkô wa yaku ichi-oku desu

population environ un-oku c'est

La population est d'environ 100 000 000.

187 | Le système ordinal

Il existe deux suffixes permettant de transformer un nombre cardinal en nombre ordinal : **-ban** et **-me**.

• **-ban** s'emploie pour désigner le rang d'un objet dans une suite déjà numérotée :

Exemple › **anata no seki wa hachi-jû-roku-ban desu**

toi siège quatre-vingt-six -ième c'est

Ton siège c'est le numéro 86 (litt. : *le 86*[e]).

Un cas particulier est celui du terme **ichiban** qui signifie *le premier*, mais s'est aussi figé comme adverbe accompagnant un adjectif, au sens de *le plus* (cf § 91).

Exemple › **nihon-go no supîchi kontesto de ichiban ni natta**

langue-japonaise discours concours premier je-suis-devenu

J'ai été le premier au concours de discours en japonais.

• **-me** s'emploie si le nombre ordinal est formé d'un chiffre suivi d'un spécificateur, y compris **-tsu** et **-ri** du système japonais (cf Annexe 3) : **mittsu-me**, *le troisième* ; **roku-nen-me**, *la sixième année* ; **go-mai-me** *la cinquième* (feuille).

Exemple › **daijishin kara hachi-nen-me ni narimashita**

grand-tremblement-de-terre huit année-ième est-devenu

C'est la huitième année depuis le grand tremblement de terre.

• L'usage courant est d'utiliser une combinaison des deux suffixes : **-ban-me** : **yon** *quatre* > **yon-ban-me** *le quatrième*, **ni-jû** *vingt* > **ni-jû-ban-me**, *le vingtième*.

Exemple › **boku no kyôshitsu no doa wa soko kara san-ban-me desu**

moi salle-de-classe porte là trois -ième c'est

La porte de ma classe c'est la troisième à partir de là.

188 | Emploi des expressions du système ordinal

Les expressions du système ordinal s'emploient comme des noms, et doivent être suivies d'une particule ou utilisées suivies de l'actualisateur.

Exemples › **go-ban-me <u>no</u> ie wa sensei no ie desu**

cinq -ième maison professeur maison c'est

La cinquième maison, c'est celle de notre professeur.

watashi no kuruma wa hidari kara go-dai-me <u>desu</u>

moi voiture gauche cinq-véhicule-ième c'est

Ma voiture, c'est la cinquième à partir de la gauche.

189 | <u>Les attributifs</u>

Ce sont des termes permettant d'exprimer un rapport d'équivalence chiffrée entre deux quantités, pour indiquer le tarif d'une prestation chiffrée, un rapport de proportions dans un mélange...

• **ni tsuki** s'emploie uniquement après une expression chiffrée.

Exemples › **piano no resson wa <u>ichi jikan</u> ni tsuki nana-sen en ni narimasu**

piano leçon-particulière une heure pour sept-mille yens devient

Pour une heure de leçon particulière de piano, ce sera sept mille yens.

kona <u>san-byaku guramu</u> ni tsuki o-satô o oosaji san-bai iremasu

farine trois-cents grammes pour sucre grande-cuiller trois-plein on-met

Pour trois cents gramme de farine, on met trois grandes cuillerées de sucre.

• **atari** peut s'employer après une expression chiffrée, mais aussi directement après un nom.

Exemple › **kono ringo wa <u>ichi kiro</u> atari sen en desu**

ces pommes un kilo par mille yens c'est

Ces pommes sont à mille yens le kilo.

• **zutsu** s'emploie directement après une expression chiffrée, pour indiquer qu'une même quantité d'un objet est attribuée aux différents récepteurs.

Exemple › **sensei ga seitotachi ni kami o <u>san-mai</u> zutsu kubarimashita**

professeur élèves papier trois-objets-minces-et plats à-chacun a-distribué

Le professeur a distribué trois feuilles à chaque élève.

Chap. 6 ›
L'ADVERBE

190 | Un adverbe sert à préciser le procès exprimé par un verbe, ou la qualité exprimée par un adjectif. Sa place dans l'énoncé est différente selon son type.

191 | Les adverbes peuvent être de trois origines.

1. adverbes originels :

Exemples › **chotto** *un peu*, **dandan** *progressivement*, **sassoku** *immédiatement*, **zenzen** *pas du tout*, **chanto** *correctement*, **totemo** *très*, **hakkiri*** *clairement*, **yukkuri*** *lentement*, **tokidoki** *parfois*, **sugu** *immédiatement*.

*ces deux adverbes ont aussi un autre type de construction (cf § 209).

2. adverbes dérivés d'adjectifs :

• à partir des adjectifs en **-i** : la forme en **-ku** d'un adjectif en **-i** peut être utilisée comme adverbe : **osoi** *être tardif* > **osoku** *tard*, **tanoshii** > *être joyeux*, **tanoshiku** > *joyeusement*, **kibishii** *être sévère* > **kibishiku** *sévèrement*, **ookii** *être grand* > **ookiku** *grandement*.

Exemple › **ie ga ookiku yuremashita**

maison grandement a-tremblé

La maison a fortement tremblé.

À noter l'adverbe d'usage fréquent : **yoku** *bien/souvent*, dérivé de **yoi**, doublet de **ii** (cf § 81).

• à partir des adjectifs invariables : quelle que soit leur origine, ils deviennent adverbes si on leur adjoint la particule **ni**.

Exemples › **tashika** *certain* > **tashika ni** *certainement*, **shinsetsu** *gentil* > **shinsetsu ni** *gentiment*, **hijô** *extrême* > **hijô ni** *extrêmement*, **pojitîbu ni / negatîbu ni** *positivement/négativement*, **shinpuru** *simple* (de l'anglais « simple ») **shinpuru ni** *simplement, de façon simple*.

Exemples › **kodomo ga majime ni kotaemashita**

enfant sérieusement répondit

L'enfant répondit avec sérieux.

kimochi o shinpuru ni hyôgen-shimashô

sentiments simplement expression faisons

Exprimons nos sentiments avec simplicité.

kodomotachi wa ureshisô ni asonde imasu

enfants avec l'air heureux s'amusent

Les enfants jouent en ayant l'air de bien s'amuser.

3. formes de verbes figées :

• certains verbes employés à la forme négative ancienne en **-zu** (équivalent ancien du suffixe de négation **-nai** (cf § 10), suivies ou non de **ni**, se sont figés dans un emploi adverbial :

Exemples › de **omou** *penser* > **omowazu** *sans y penser, machinalement, involontairement*, de **shiru** *savoir* > **shirazu ni** *sans le savoir, inconsciemment*, de **(ai)kawaru** *changer* > **aikawarazu** *invariablement, comme toujours*, de **taeru** *finir, cesser* > **taezu** *sans interruption, continuellement*.

Exemples › **omowazu koe o dashimashita**

involontairement voix elle-fit-sortir

Involontairement elle poussa un cri.

tsutomu-kun wa aikawarazu okurete kimashita

Tsutomu sans-changement en-retard est-venu

Tsutomu est arrivé en retard comme d'habitude.

• la forme en **-te** de certains verbes s'est figée en emploi adverbial : **hajimeru** *commencer qqch* > **hajimete** *pour la première fois*. **isogu** *se dépêcher* > **isoide** *en hâte, vite*.

Exemples › **kinô hajimete honmono no panda o mimashita**

hier pour-la-première-fois véritable panda j'ai-vu

Hier, j'ai vu pour la première fois un panda en vrai.

isoide junbi-shimashô yo

en hâte préparatifs faisons

Préparons nous en vitesse !

192 | Les adverbes précisant le procès exprimé par un verbe portent sur :

• la manière dont se réalise le procès. Dans ce cas, ils se placent directement près du verbe concerné :

Exemple › **machiko-chan chanto o-suwari-nasai**

Machiko correctement assieds-toi

Machiko, assieds-toi correctement !

• <u>le moment</u> du procès ou sa situation dans le temps. Dans ce cas, ils peuvent se placer soit près du verbe, soit en tête de phrase : **tabitabi** *souvent*, **tokidoki** *de temps en temps*, **môjiki** *bientôt*, **mô** *déjà*, **mada** *encore/pas encore*.

Exemples › **tokidoki denwa o kudasai**

de-temps-en-temps téléphone donne-moi

Donne-moi de temps en temps un coup de téléphone.

kyonen chichi wa tabitabi chûgoku e itta

année-dernière mon-père souvent Chine est-allé

Mon père est allé souvent en Chine l'an dernier.

• <u>une modalité</u>, degré de certitude : **tabun** *peut-être*, **kitto** *certainement*. La place de ces adverbes n'est pas définie.

Exemples › **kitto sensei ga muzukashi mondai o dashimasu**

certainement professeur est-difficile problème sort

sensei ga kitto muzukashi mondai o dashimasu

professeur certainement est-difficile problème sort

Le professeur va sûrement nous donner un problème difficile.

193 | <u>Certains adverbes exprimant une quantité</u> ont deux constructions possibles : **takusan** *beaucoup*, **sukoshi** *un peu*, **ooku** *beaucoup*, **oozei** *beaucoup (de personnes)*, similaires à celles des expressions chiffrées (cf § 185).

• les objets concernés figurent dans la phrase suivis des particules **ga**, **o**, **wa** ou **mo** :
Deux possibilités :

– l'adverbe se place juste devant le verbe.

Exemples › **<u>hito ga</u> oozei imasu**

être-humain beaucoup-de-personnes se-trouvent

Il y a beaucoup de monde.

<u>kuruma ga</u> takusan toorimasu

voitures beaucoup passent

Il passe beaucoup de voitures.

– l'adverbe est placé en fonction déterminante, relié par la particule **no** au nom exprimant les objets concernés, en particulier en cas de phrase longue.

Exemple › **machi kara mo mura kara mo oozei no hito ga kimashita**

villes villages beaucoup-de-personnes êtres-humains sont-venus

Des villes comme des villages, beaucoup de gens sont venus.

• les objets concernés figurent dans la phrase suivis d'une autre particule, l'adverbe est obligatoirement placé en fonction déterminante, relié par la particule **no** au nom exprimant les objets concernés.

Exemple › **orinpikku no tame ni takusan no kuni kara senshu ga**
jeux-olympiques pour beaucoup pays athlètes
atsumatte kimasu
se-rassemblent
Pour les Jeux olympiques, des athlètes se rassemblent, (venant) de beaucoup de pays.

194 | Certains adverbes peuvent être suivis directement de l'actualisateur **da/desu** : **sugu** *immédiatement*, **hajimete** *pour la première fois*, **mada** (cf § 195), les démonstratifs équivalents d'adverbes : **sô**, **â**, **kô** (cf § 179).

Exemples › **watashi ni wa sonna osoroshii jiken wa hajimete deshita**
moi ce-genre-de est-horrible incident pour-la-première-fois c'était
C'était la première fois que j'assistais à un aussi horrible spectacle.
ame ga yamimashita ka – iie, mada desu
pluie a-cessé non, pas-encore c'est
La pluie a cessé ? – Non, pas encore.

195 | Cas particulier 1 : l'adverbe **mada**
Son sens est différent selon qu'il est utilisé avec un verbe à une forme affirmative ou négative.
• avec un verbe à la forme affirmative, il signifie qu'un état antérieur se prolonge : *encore*.

Exemple › **kita no kuni wa mada fuyu desu**
nord pays encore hiver c'est
C'est encore l'hiver dans les pays du nord.

• avec un verbe à la forme négative, il signifie qu'un nouvel état ne s'est pas encore produit : *pas encore*.

Exemple › **haru wa mada kimasen**
printemps pas-encore ne-vient-pas
Le printemps n'arrive pas encore.

196 | Cas particulier 2 : l'adverbe **mô**
Il peut précéder une expression chiffrée pour exprimer l'idée de *autre* par rapport à un objet/personne déjà cité.

Exemple › **kono dôbutsuen ni zô ga ni-tô imasu. it-tô wa**
ce zoo éléphants deux-gros-animaux se-trouvent un-gros-animal

afurika zô desu. mô it-tô wa indo zô desu

Afrique éléphant c'est. encore un-gros-animal Inde éléphant c'est

Dans notre (ce ici) zoo, il y a deux éléphants. L'un est un éléphant d'Afrique, l'autre un éléphant des Indes.

197 | Cas particulier 3 : l'adverbe modérateur **hotondo**.
Il s'agit d'exprimer un tout dont on a retranché une petite partie : *presque tout(e)(s), à peu près tout(e)(s)*. Comme les autres adverbes de quantité, il peut s'employer près d'un verbe ou assurer une fonction déterminante par l'intermédiaire de **no**.

Exemple › **hotondo no seito ga kimashita**

presque-tous éléves sont-venus

Presque tous les élèves sont venus.

hotondo peut s'employer combiné aussi avec certains mots de temps :

Exemple › **hotondo mainichi pûru e ikimasu**

presque chaque-jour piscine je-vais

Je vais presque tous les jours à la piscine.

Il peut aussi s'employer avec un autre adverbe de quantité, comme **zenbu** *tout/tous/toutes*.

Exemple › **shukudai wa hotondo zenbu yarimashita**

devoirs presque en-entier j'ai-fait

J'ai fait presque tous mes devoirs.

198 | Les adverbes précisant la qualité exprimée par un adjectif marquent un degré. Ils se placent directement devant l'adjectif concerné : **totemo** *très*, **hijô ni** *extrêmement*, **nakanaka** *plutôt*, **motto** *plus*, **amari** + négation *pas tellement*, **taihen** *très*.

Exemples › **zô no hana wa taihen benri desu**

éléphant nez très est pratique

La trompe de l'éléphant est très pratique.

kono sûpu wa nakanaka oishii

ce potage plutôt est-bon

Ce potage est plutôt bon.

hokkaidô no natsu wa amari atsukunai desu

Hokkaidô été tellement n'est-pas-chaud

L'été à Hokkaidô n'est pas tellement chaud.

Chap. 7 ›

LES RESTRICTIFS

199 | Il s'agit de termes qui ont en commun d'exprimer une restriction. Leur fonctionnement diffère selon leur origine.

200 | **shika** a la particularité de s'employer toujours avec un verbe à une forme négative. Il s'agit d'une restriction par évaluation négative, l'ensemble signifiant : *si ce n'est pas..., ne ... pas > seulement, uniquement, ne... que*.

shika fonctionne de façon similaire à **wa** et **mo**. Il peut s'utiliser soit directement après un nom ou équivalent de nom (démonstratif, nombre, spécificateur), soit après une autre particule de premier ou second cercle, excepté **ga** et **o** qu'il remplace.

Exemples › **motoko-san wa yûkiyasai shika tabemasen**

Motoko légumes-bio si-ce-n'est ne-mange-pas

Motoko ne mange que des légumes bio.

(litt. : *si ce ne sont pas des légumes bio elle n'en mange pas*)

konsâto ni san-jû-nin shika konakatta

concert trente-personnes si-ce-n'est ne-sont-pas-venues

Seulement trente personnes sont venues pour le concert.

sono hanareta tokoro ni wa herikoputâ de shika ikemasen

ce est-éloigné endroit hélicoptère si-ce-n'est on-ne-peut-pas-aller

On ne peut atteindre cet endroit éloigné qu'en hélicoptère.

201 | **dake, bakari** et **nomi** tiennent de leur origine nominale un fonctionnement hybride, ils peuvent fonctionner comme des particules, ou comme des suffixes s'attachant à un nom/équivalent de nom ou à un adverbe, ou encore comme des noms.

202 | **dake** vient de **take** qui signifie *mesure > dans la mesure où il s'agit de > seulement*. Il s'agit d'une restriction par évaluation positive.

• emploi comme particule : **dake** relie alors directement un nom/équivalent de nom à un verbe ou suit une autre particule de premier ou second cercle sauf **ga** ou **o** qu'il remplace.

Exemples › **kono eigakan de wa amerika no eiga dake jôei-shite imasu**

ce cinéma Amérique films seulement projection on-fait

Dans ce cinéma, on ne passe que des films américains.

imôto to dake ikimashita

ma-sœur-cadette seulement je-suis-allée

Je n'y suis allé qu'accompagné de ma petite sœur.

katô-sensei ni dake hanashitai desu

Professeur Katô seulement je-veux-parler

Je ne veux parler qu'au professeur KATÔ.

• emploi comme suffixe s'attachant à un nom (ou équivalent) ou à un adverbe de quantité. Dans ce cas l'ensemble devra être suivi de la particule qui indique sa fonction ou de l'actualisateur.

attaché à un nom ou équivalent :

Exemples › **hiragana to katakana wa hatsuon dake o arawashimasu**

hiragana katakana prononciation seulement expriment

Les hiragana et les katakana n'expriment que la prononciation.

hannin wa watashi dake desu

coupable moi seulement c'est

Le coupable, c'est seulement moi.

nôka wa tabatake no shû.nyû dake de kurashite imasu

fermes rizières-et-champs revenu seulement vivent

Les fermes vivent seulement du revenu des cultures.

attaché à un adverbe :

Exemple › **hon no sukoshi dake no arukôru de yopparatte kimasu**

vraiment un peu seulement alcool il-s'enivre

Il lui suffit d'un tout petit peu d'alcool pour être ivre.

• emploi comme nom recevant une proposition déterminante (cf § 133) terminée par un verbe ou un adjectif. Il est alors suivi d'une particule ou de l'actualisateur.

Exemples › **raion ga zenzen ugokimasen deshita. maeashi de**

lion pas-du-tout ne-bougeait-pas. patte-avant

hana o sutta dake desu

nez a-frotté seulement c'est

Le lion ne bougeait pas du tout. Il s'est juste frotté le museau avec sa patte avant.

Exemples › **<u>kao o mita</u> dake <u>de</u> sugu anshin-shimashita**

visage j'ai-vu seulement tout-de-suite tranquillité j'ai-fait

Rien qu'à voir son visage j'ai été rassuré.

kono sêta wa <u>yasui dake desu</u>. iro wa hidoi desu

ce pull est-bon-marché seulement c'est. couleur est-horrible

Ce pull a pour seule qualité de n'être pas cher. Sa couleur est horrible.

Emplois particuliers

• **dake** s'emploie après un verbe dérivé de valeur potentielle (cf § 261), avec sa valeur originelle de *mesure* > *dans la mesure où* [on peut].

Exemple › **nomeru dake nomô**

on-peut-boire mesure buvons

Buvons autant que nous pouvons.

• Une expression courante : **dake de (wa) naku** *non seulement*.

Exemple › **kawa no mizu wa katei ni tsukawareru dake de naku,**

rivière eau foyers est-utilisée non-seulement

kôjôyôsui ya nôgyôyôsui ni mo tsukawaremasu

eau-pour-l'industrie eau-pour-l'agriculture est-utilisée

L'eau de cette rivière est utilisée non seulement pour les besoins domestiques, elle est utilisée aussi pour l'industrie ou l'agriculture.

203 | **<u>bakari</u>** est dérivé d'un verbe **hakaru** signifiant *peser* > **hakari** *le fait de peser*, et exprime <u>le résultat de l'évaluation d'une situation</u>. D'où un grand nombre d'emplois, dont une partie sont parallèles à ceux de **dake** et pour lesquels **dake** et **bakari** sont interchangeables.
(À noter que **bakari** possède un doublet expressif : **bakkari**, sans doute du fait de sa ressemblance phonétique avec la série des impressifs en **-ri** (cf § 206).)

Les emplois :

• Emplois parallèles à ceux de **dake**, restriction par évaluation de la situation :

emploi comme particule : **bakari** relie alors directement un nom/équivalent de nom à un verbe ou suit une autre particule de premier ou second cercle sauf **ga** ou **o** qu'il remplace.

Exemples › **watashi wa shôgakkô no toki shippai bakari shite ita**

moi école-primaire temps échec seulement je-faisais

Quand j'étais à l'école primaire, je ne faisais qu'échouer en tout.

tonari no obaasan wa ichinichijû terebi bakari mite imasu

voisinage grand-mère toute-la-journée télé seulement regarde

La vieille dame d'à côté ne fait que regarder la télé toute la journée.

sobo wa mainichi ie ni bakari imasu

ma-grand-mère chaque-jour maison seulement se-trouve

Ma grand-mère ne fait que rester tous les jours à la maison.

gendaijin wa i-mêru de bakari yaritori o shimasu

gens-modernes e-mail seulement échanges font

Les gens d'aujourd'hui n'échangent plus que par e-mail.

emploi comme suffixe s'attachant à un nom ou à un adverbe de quantité. L'ensemble est suivi de la particule qui indique sa fonction ou de l'actualisateur.

Exemples › **shigoto ga totemo shinikui tokoro bakari datta**

travail très sont-pénibles endroits seulement c'étaient

Ce n'étaient que des endroits très difficiles à cultiver.

nohara-san no ie ni wa sukoshi bakari no suiden ga arimasu

Nohara maison un-peu seulement rizières existent

La famille NOHARA ne possédait que peu de rizières.

emploi comme nom recevant une proposition déterminante (cf § 133) terminée par un verbe ou un adjectif. Il est alors suivi d'une particule ou de l'actualisateur.

Exemples › **kono kaban wa takai bakari desu. benri de wa arimasen**

ce sac est-cher seulement c'est. n'est-pas-pratique

La seule qualité de ce sac c'est d'être cher. Il n'est pas pratique.

tada kinaga ni matsu bakari datta

uniquement patiemment attendre seulement c'était

Tout ce que j'avais à faire c'était d'attendre patiemment.

dôyô shita bakari no koe ga furueta

secousse s'est-faite seulement voix a-tremblé

Rien qu'à cause de la secousse sa voix a tremblé.

• Une expression courante : **bakari de (wa) naku** *non seulement :*

Exemple › **nihonjû dokodemo heichi bakari de naku, yama no**
tout-le-Japon partout plaines non-seulement, montagnes
shamen ni made suiden ga tsukuraremashita
pentes rizières ont-été-créées
Partout dans le Japon on a créé des rizières, non seulement dans les plaines mais jusque sur les pentes montagneuses.

Autres emplois, spécifiques à **bakari**

• employé avec une expression comportant un nombre, **bakari** exprime l'approximation : *environ*.

Exemple › **dari no tenrankai no iriguchi no mae de go-hyaku-nin**
Dali exposition entrée le-devant cinq-cent-personnes
bakari ga narande imashita
environ étaient-alignées
Environ cinq cents personnes faisaient la queue devant l'entrée de l'exposition Dali.

• employé directement avec un verbe à la forme en **te iru**, **bakari** exprime qu'un état est permanent : *ne faire que*. **bakari** se place entre la forme en **te** et **iru** > **te bakari iru** : **asonde iru** *Il s'amuse* > **asonde bakari iru** *Il ne fait que s'amuser*. (forme en **-te iru** cf § 233).

Exemple › **uchi no tonari no hito no akachan wa naite bakkari imasu**
notre-maison voisinage êtres-humains bébé ne-fait-que-pleurer
Le bébé de nos voisins ne fait que pleurer.

• employé après une forme en **-ta**, **bakari** indique que le procès concerné vient tout juste de se terminer :

Exemple › **marui taiyô ga nishi ni shizunda bakari desu**
est-rond soleil ouest venait-juste de-se-coucher
Le soleil tout rond venait tout juste de se coucher à l'ouest.

• **bakari** peut aussi exprimer l'idée de degré : *à tel point que*.

Exemple › **sono hito no piano no hikikata wa odoroku bakari datta**
ce être-humain piano jeu s'étonner au-point-de c'était
Sa manière de jouer du piano était étonnante.

• Une tournure particulière : **bakari** peut suivre un verbe à une forme terminée par **-n**. Ce **-n** représente un ancien suffixe **-mu** (suivant la base unique des verbes unibases et

la base en **-a** des verbes multibases) équivalent à la fois des formes actuelles en **-ô/-mashô** et des formes en **-tai** (cf §277), et qui exprime donc *l'intention* ou *la volonté*. **iu** dire > **iwamu/iwan** *j'ai l'intention /je veux dire*.
Cette combinaison verbe en **-n** + **bakari** indique que le procès est prêt à se dérouler. **iwan bakari** *être prêt à dire, avoir sur le bout des lèvres*.

Exemple › **ooyorokobi de namida o nagasan bakari datta**

grande-joie larmes je-vais-verser prêt à c'était

J'étais à deux doigts de pleurer de joie.

204 | Il existe un autre restrictif d'usage moins fréquent et relevant plutôt de la langue écrite : **nomi**, dont les emplois recouvrent partiellement ceux où **dake** et **bakari** sont interchangeables.

Exemple › **ronbun no naka de wa sakusha no sensô no aida no**

thèse dedans écrivain guerre intervalle

tegami nomi o yaku-shimashita

lettres seulement traduction j'ai-fait

Dans ma thèse, j'ai traduit uniquement les lettres envoyées par l'écrivain pendant la guerre.

Chap. 8 ›

LES IMPRESSIFS

205 | Le japonais présente une catégorie particulière de termes qu'on peut regrouper sous l'appellation d' « impressifs »*. Ce sont des mots composés de sons du langage pour une évocation directe de tout ce qui peut atteindre les sens. C'est bien connu pour les sons, ce qu'on appelle des « onomatopées », mais les « impressifs » japonais couvrent des champs beaucoup plus larges :

l'ouïe
patapata (claquement de pas sur le sol), **sutasuta** (glissement de pas), **dobun** (chute dans l'eau), **parapara** (bruit des gouttes de pluie), ...

la vue
kirakira (scintillement), **giragira** (scintillement inquiétant), **yurayura** (flamme qui vacille), **botsubotsu** (lumières éparses), **poroporo** (larmes qui coulent), **daradara** (transpiration abondante)...

le toucher
betabeta (quelque chose de collant)...

le mouvement
gorogoro (qqch qui roule), **surasura** (qqch qui se fait sans effort)...

sensations physiques
chikuchiku (des picotements), **jinto** (une douleur profonde)...

des sentiments
dokidoki (le cœur qui bat, l'émotion), **iraira** (l'agacement), **buruburu** (la peur), **wakuwaku** (l'enthousiasme, l'excitation)...

un état
uto.uto (qqun d'ensommeillé), **gûgû** (qqun qui dort profondément), **bonyari** (qqch de vague, flou)...

une action
nikoniko (acte de sourire), **kusukusu** (rire en douce), **mushamusha** (action de mâcher vigoureusement), **goku-goku** (action d'avaler goulûment)...

* Ce terme a été inventé par TSUJI Sanae dans son livre *Les impressifs japonais*, Presses Universitaires de Lyon, 2003.

206 | Ces termes sont composés d'une façon particulière :
– par redoublement : **dokidoki** (le cœur qui bat, l'émotion), **ira.ira** (l'agacement), **sutasuta** (glissement de pas).
– par l'adjonction d'un suffixe **-ri** : **bon.yari/bonn.yari** (qqch de vague), **gen.nari** (marque d'épuisement), **gokuri** (bruit qu'on fait en avalant).

207 | Construction syntaxique : elle est similaire à celle des adverbes. L'impressif est placé près du verbe exprimant l'action ou l'état qu'il décrit.

• l'impressif est employé tel quel :

Exemples › **ame ga parapara futte kimashita**
pluie [bruit-de-pluie-qui-crépite] s'est-mise-à-tomber
La pluie s'est mise à tomber en crépitant.
jishin de ie ga guragura yuremashita
séisme maisons [sensation-de-tremblement-inquiétant] ont-tremblé
À cause du tremblement de terre les maisons ont tremblé de façon inquiétante.

• dans un style plus soutenu, littéraire, l'impressif est employé suivi d'une particule **to** :

Exemples › **jidôsha wa hosoi rôji o noronoro to susumimashita**
voiture est-étroite ruelle [impression-de-lenteur] a-progressé
La voiture est entrée sans se presser dans une petite ruelle.
tetsudô senro ga kirakira to hikatte ita
chemin-de-fer rail [éclat-très-vif] brillaient
Les rails du chemin de fer brillaient de tous leurs feux.

• certains impressifs sont toujours suivis de la particule **to** :

Exemples › **kuruma wa pitari to/pitatto tomatta**
voiture [impressions-d'extrême-justesse] s'est-arrêtée
La voiture s'est arrêtée de justesse.

kodomotachi wa kawaii ko.uma o jitto mitsumete ita

enfants est-mignon poulain [des-yeux-qui-restent-fixés] contemplaient

Les enfants regardaient fascinés l'adorable poulain.

208 | Sur certains impressifs, on peut construire un verbe composé, par l'adjonction du verbe **suru** (cf § 16). Soit directement après l'impressif : **betabeta-suru** *être collant*, **bikkuri-suru** *être surpris*, **shikkari-suru** *tenir bon, être solide*. Soit par l'intermédiaire de **to** : **pokan-to-suru** *être complètement relâché*.

Exemple › **kono kutsu wa shikkari-shita kutsu mitai ne**

ces chaussures [impression-de-solidité] font chaussures il-semble

Ces chaussures ont l'air vraiment bien solide.

209 | Cas particuliers

Certains termes qui appartiennent à la catégorie des adverbes (cf § 191), peuvent être traités comme des impressifs, et donc suivis ou non de la particule **to** : **hakkiri (to)** *clairement*, **yukkuri (to)** *lentement*.

Exemple › **hakkiri (to) kotaemashô**

clairement répondons

Répondons distinctement !

Chap. 9 ›

L'ADJECTIF

210 | Il existe des adjectifs simples (cf Partie 1, Ch. 4), mais aussi de nombreux adjectifs obtenus par dérivation à partir d'un autre mot – adjectif, verbe ou nom – par l'adjonction d'un suffixe. Selon les cas, le nouveau mot obtenu est un adjectif en **-i** ou un adjectif invariable. D'autre part, certains adjectifs peuvent être utilisés comme deuxième partie d'un mot composé, la première partie étant un verbe et l'ensemble fonctionnant comme un adjectif.

211 | Dérivé obtenu à partir d'un adjectif : suffixe **-sô**

Au radical d'un adjectif en **-i** ou à un adjectif invariable peut s'ajouter un suffixe **-sô** qui apporte le sens de *qui a l'air*. L'adjectif ainsi obtenu appartient à la catégorie des adjectifs invariables. **ita-i** *être douloureux* > **ita-sô** *qui a l'air douloureux* ; **omoshiro-i** *être intéressant* > **omoshiro-sô** *qui a l'air intéressant* ; **benri** *pratique* > **benri-sô** *qui à l'air pratique*.

Exemples › **atarashii eigo no sensei wa totemo shinsetsusô desu**

est-nouveau langue-anglaise professeur très a-l'air-gentil

Le nouveau professeur d'anglais a l'air vraiment gentil.

kono mondai wa muzukashisô desu

ce problème a-l'air-difficile

Ce problème a l'air difficile.

Deux adjectifs présentent une dérivation irrégulière :

– **nai** (qui sert de forme négative degré moins au verbe **aru** (cf § 19))

– **ii**, où la dérivation se fait sur le doublet **yoi** (cf § 81).

Dans les deux cas, une syllabe **-sa** est insérée avant **-sô** : **nai** > **na-sa-sô**, **ii** > **yo-sa-sô**.

Exemples › **kono kodomo wa genki ga nasasô desu ne**

cet enfant bonne-santé a-l'air-de-ne-pas-exister

Cet enfant n'a pas l'air d'aller bien.

kono hô ga yosasô desu

ce coté a-l'air-bien

Ce sera mieux de cette façon.

212 | Dérivé obtenu à partir d'un verbe : suffixe **-sô**

À la base unique d'un verbe unibase et à la base en **-i** d'un verbe multibase peut s'ajouter un suffixe **-sô** qui apporte le sens de *prêt à, près de* : **ochiru** *tomber* > **ochi-sô** *prêt à tomber* ; **shôtotsu-suru** *tamponner (une voiture)* > **shôtotsu-shi-sô** *être près de tamponner*. L'adjectif ainsi obtenu appartient à la catégorie des adjectifs invariables.

Exemples › **namida ga afuresô datta**

larmes étaient-prêtes-à-couler

Il était au bord des larmes.

futatsu no kuruma ga shôtotsu-shisô ni natta

deux voitures choc prêt-à-faire étaient-devenues

Les deux voitures ont failli se rentrer dedans.

213 | Dérivé obtenu à partir d'un verbe : suffixe **-gachi**

Certains verbes, en nombre limité, peuvent recevoir un suffixe **-gachi**, signifiant *qui a (malheureusement) tendance à*. L'adjectif ainsi obtenu est un adjectif invariable. Pour les verbes unibase, le suffixe s'ajoute à la base ; pour les verbes multibases, il s'ajoute à la base en **-i**. La tendance ainsi exprimée est toujours négative, défavorable : **wasureru** *oublier* > **wasure-gachi** *qui a tendance à oublier* ; **kumor-u** *être couvert (temps)* > **kumor-i-gachi** *qui a tendance à se couvrir*.

Exemples › **go ji no densha wa okuregachi desu**

cinq heures train a-tendance-à-être-en-retard

Le train de cinq heures est bien souvent en retard.

kono ko wa gakkô o yasumigachi desu

cet enfant école a-tendance-à-manquer

Cet élève manque souvent l'école.

214 | Dérivé obtenu à partir d'un verbe : suffixe **-beki**

Le suffixe **-beki**, conservé de la langue ancienne, signifie : *que l'on doit, que l'on a l'obligation de, qui ne peut que*. Il s'ajoute à la forme en **-u/-ru** (de dictionnaire) des verbes. C'est le seul cas où cette forme peut recevoir un suffixe. L'adjectif ainsi obtenu est un adjectif invariable, mais qui a la particularité, en fonction de déterminant, de se placer directement devant le nom (cf le cas d'**onaji** § 222) : **odoroku-beki hanashi** *une histoire étonnante* (litt. : *qui ne peut qu'étonner*).

Dans le cas du verbe **suru**, il s'ajoute à **su**, qui est l'ancienne forme en **-u** de ce verbe :

suru + **beki** > **su-beki** : **kaiketsu-su-beki mondai** *un problème à résoudre*.

Exemple › **jûji ni wa ki.nen subeki ichinichi deshita**

Jûji mémoire qu'il-faut-faire une-journée ce-fut

Pour Jûji, ce fut une journée mémorable.

215 | Dérivé obtenu à partir d'un nom : suffixe **-rashii**

Le suffixe **-rashii** signifie *qui a les caractéristiques de*. Il exprime une comparaison par rapport à une norme, à un standard exprimé par le nom qui le précède. C'est un jugement objectif, ni favorable, ni défavorable. L'adjectif ainsi obtenu est un adjectif en **-i** : **otoko** *homme* > **otoko-rashii** *qui caractérise un homme, viril* ; **kodomo** *enfant*, **kodomo-rashii** *qui caractérise un enfant, enfantin.*

Exemples › **sonna hanashikata wa kodomorashikunai desu**

une-telle façon-de-parler n'est-pas-caractéristique-d'un-enfant

Cette manière de parler n'est pas celle d'un enfant.

sono bunshô wa chotto nihongorashiku kikoemasen

cette phrase un-peu caractéristique-du-japonais n'est pas-audible

Cette phrase ne sonne pas vraiment comme du japonais.

takahashi-san wa seijikarashii taipu no hito de wa arimasen

M. Takahashi caractéristique-d'un-homme-politique type être-humain ce-n'est-pas

M. TAKAHASHI n'est pas du type à faire un homme politique.

216 | Dérivé obtenu à partir d'un nom : suffixe **-mitai**

Le suffixe **-mitai** est dérivé du verbe **miru** *regarder* : **mitai** (litt. : *on veut regarder > que je voudrais regarder comme*). C'est un jugement subjectif : *qui me semble, (que je vois) tel que > qu'on croirait*. L'adjectif ainsi obtenu est un adjectif invariable.

Exemples › **yumemitai de wa nai desu ka ne**

qui-semble-un-rêve est-ce-que-ce-n'est-pas

Est-ce qu'on ne se croirait pas dans un rêve !

kyô wa ii tenki desu ne. harumitai desu

aujourd'hui est-beau temps c'est on-croirait-le-printemps

Il fait beau aujourd'hui ! On se croirait au printemps !

217 | Dérivé obtenu à partir d'un nom, d'un adjectif ou d'un verbe, suffixe **-ppoi**

Le suffixe **-ppoi** permet d'exprimer un jugement personnel favorable ou, plus souvent, défavorable, que l'on situe par rapport au standard auquel on s'attendrait. Il s'attache à un nom, au radical des adjectifs en **-i** (**kuroi** *être noir* > **kuroppoi** *être noirâtre*), à la base unique des verbes unibases :

akiru *se décourager* > **aki-ppoi** *qui se décourage trop vite*, à la base en **-i** des verbes multibases : **okoru** *se mettre en colère* > **okori-ppoi** *être coléreux*. L'adjectif ainsi obtenu est un adjectif en **-i**.

Exemples › **konna kodomoppoi taido wa dame da yo**

une-telle empreinte-de-puéril attitude est-inadmissible

Ce genre d'attitude puérile est inadmissible.

michikochan, otonappoi kakkô shiteru ne [s'adressant à un petit enfant]

Michiko empreinte-de-caractère-adulte aspect tu-fais

Michiko, comme tu as l'air d'une grande fille !

218 | Certains adjectifs en **-i** sont formés de la combinaison d'un verbe (base unique des verbes unibases, base en **-i** des verbes multibases) avec les adjectifs **yasui** *être facile* et **katai**, **nikui**, **tsurai** *être difficile*. En composition, **katai** devient **-gatai** et **tsurai** devient **-zurai**, par sonorisation de leur consonne initiale : **unten-suru** *conduire (un véhicule)* > **unten-shi-yasui** *être facile à conduire* ; **shinjiru** *croire* > **shinji-gatai** *être difficile à croire* ; **yomu** *lire* > **yomi-nikui** *être difficile à lire*.

Exemples › **hiragana wa katakana yori oboeyasui sô desu**

hiragana katakana sont-faciles-à-retenir on-dit-que

On dit que les hiragana sont plus faciles à retenir que les katakana.

konna tsumi wa yurushigatai desu

un-tel crime est-difficile-à-pardonner

Un tel crime est difficile à pardonner.

kono kusuri wa nominikui desu

ce médicament est-difficile à-avaler

Ce médicament est difficile à prendre.

gurinpîsu wa hashi de wa tabezurai desu

petits-pois baguettes sont-difficiles-à-manger

C'est difficile de manger des petits pois avec des baguettes.

-gatai,- nikui, -zurai expriment tous les trois l'idée de difficulté. Leur emploi dépend du sens du verbe avec lequel ils se combinent : seul **nikui** peut s'employer avec des verbes exprimant un processus n'impliquant pas un actant et lorsqu'il s'agit d'actes physiques. **-gatai** est choisi de préférence pour les actes mentaux.

219 | Tout nom peut recevoir une précision sous la forme d'un adjectif qui joue alors le rôle de déterminant (cf §133 et Partie 3).

220 | L'adjectif en **-i**, se place directement devant le nom qu'il détermine : **kuroi** *est noir* : **jidôsha** *voiture* > **kuroi jidôsha** *une voiture noire*.

Exemples › **igirisu no ni-kai-date no akai basu wa omoshiroi desu**

Angleterre construits-à-deux-niveaux sont-rouges bus sont-amusants

Les bus rouges anglais à étage sont amusants.

hontô ni shinjigatai hanashi desu yo

vraiment est-difficile-à-croire histoire c'est

C'est une histoire vraiment difficile à croire.

221 | L'adjectif invariable est relié au mot qu'il détermine par la forme **na** de l'actualisateur (cf § 70). Cependant, dans quelques rares cas, c'est la particule **no** qui est utilisée.

Sont toujours reliés par **na** :
– de nombreux adjectifs du fond japonais originel, reconnaissables à leur terminaison en **-ka** : **shizuka** *tranquille* **shizuka na heya** *une pièce tranquille*
– les adjectifs formés sur des noms composés sino-japonais par l'intermédiaire d'un suffixe **-teki** : **shakaiteki na engo**, *la protection sociale* ; **rekishiteki na basho** *un site historique*
– les adjectifs obtenus par adjonction du suffixe **-sô** : **erasô na kao** *un visage qui se donne l'air érudit*
– les adjectifs obtenus par adjonction du suffixe **-mitai** : **oshiromitai na ie** *une maison qui a l'air d'un château*
– la grande majorité des autres adjectifs : **kirei na yukigeshiki** *un magnifique paysage de neige*, **suki na supôtsu** *le sport que j'aime* (litt. : *le sport aimé*), **hen na hito** *quelqu'un de bizarre*.

Exemples › **atarashii kikaku wa môretsu na teikô ni aimashita**

est-nouveau projet violente résistance a-rencontré

Le nouveau projet a rencontré une résistance farouche.

taihen* na koto ni narimashita yo

est-terrible chose est-devenu

Il s'est passé une chose terrible.

* Ce mot fonctionne aussi comme adverbe (cf § 190-193).

Quelques exemples d'adjectifs reliés par **no** : **tsugi no hi** *le jour suivant*, **gûzen no deai** *une rencontre fortuite*, **hoka no kodomo** *les autres enfants*, **eikyû no kanashimi** *une tristesse éternelle*.

Exemple › **hontô no kenka ni natte shimaimashita**

véritable dispute a-fini-par-devenir

Ça a fini par tourner en véritable bagarre.

Exceptionnellement il arrive que certains adjectifs acceptent les deux possibilités selon les contextes, comme **ainiku** : *intempestif, inopportun, fâcheux*.

Exemples › **ainiku no ame de ensoku wa kyanseru-saremashita**

fâcheux pluie sortie annulation s'est-vue-faire

À cause d'une pluie intempestive, la sortie a été annulée.

ainiku na soramoyô desu ne

fâcheux aspect-du-ciel c'est

L'aspect du ciel ne promet rien de bon.

C'est aussi le cas de certains impressifs employés comme des adjectifs :

Exemples › **ashi ni pittari na/no kutsu**

pied qui-vont-juste chaussures

des chaussures qui vont juste bien au pied

boroboro na/no fuku

en-lambeaux vêtements

des vêtements en lambeaux

222 | Cas particulier de **onaji**

Cet adjectif, qui signifie *même, identique*, bien qu'invariable, se place directement devant le nom qu'il détermine : **onaji iro** *la même couleur*, **onaji namae** *le même nom*. Exprimant une comparaison, cet adjectif pourra recevoir un complément, qui lui sera relié par la particule **to** (cf § 34) :

Exemple › **imôto wa itsumo atashi to onaji fuku o kaimasu**

ma-sœur-cadette toujours moi mêmes vêtements achète

Ma jeune sœur achète toujours les mêmes vêtements que moi.

De cet adjectif peuvent être dérivées deux expressions adverbiales :

- l'une par l'intermédiaire de **ni**, comme pour tous les adjectifs invariables, mais en insérant **yô** devant **ni** : **onaji yô ni** *de la même façon*. Dans cette expression adverbiale, **onaji** peut recevoir un complément avec **to** :

Exemple › **imôto wa atashi to onaji yô ni kangofu ni narimashita**

ma-sœur-cadette moi de-la-même-façon infirmière est-devenue

Ma jeune sœur est devenue infirmière, comme moi.

• il existe une forme ancienne, dérivée sur le modèle des adjectifs en **-i** : **onajiku** *pareillement*, mais qui ne s'emploie que dans des circonstances très particulières.

223 | Cas particulier de **iro.iro**

Cet adjectif renvoie en même temps à la diversité et au grand nombre. Quand il est relié par **na**, c'est pour insister plutôt sur la diversité *de toutes sortes* ; il peut présenter alors une forme abrégée : **iron na**. Quand il est relié par **no** il insiste plutôt sur le nombre : *nombreux*.

iroiro na/ iron na hito *toutes sortes de gens*, **iroiro no mise** *beaucoup de boutiques*.

Exemple › **kodomo no toki iron na itazura o shimashita**

enfant temps toutes-sortes-de bêtises j'ai-fait

Quand j'étais petit, j'ai fait toutes sortes de bêtises.

224 | Certains adjectifs peuvent, en fonction de déterminants, être utilisés comme adjectif en **-i** ou comme adjectif invariable relié par **na** : **yawaraka-i/yawaraka na**, **atataka-i atataka na**, **komaka-i/komaka na**. Cette différence de forme correspond à une différence de sens, la forme [adjectif invariable + **na**] ayant un sens abstrait :

atatakai *d'une douce chaleur*, **atataka na** *chaleureux (pour un personne)*, **komakai** *fin*, **komaka na** *minutieux (travail)* **yawarakai** *doux*, **yawaraka na** *souple (attitude)*.

225 | Cas de **ookii/ooki na** *grand*, **chiisai/chiisa na** *petit*

ooki na et **chiisa na** s'emploient pour une description objective, **ookii** et **chiisai** s'emploient lorsque l'objet qualifié est grand ou petit au delà de ce qui était attendu et provoque donc un sentiment par exemple la peur ou la surprise.

ooki na inu : *un grand chien* : un chien dont le fait d'être grand est normal vu sa race.

ookii inu : *un gros chien* : un chien qui fait peur par sa taille.

chiisa na ie : *une petite maison* : une maison dont les dimensions sont réduites.
chiisai ie : *une maison minuscule* : plus petite que ce à quoi on s'attendait.

226 | Cas de **okashii/okashi na**
Le sens est radicalement différent selon la forme : **okashi na** signifie *drôle, amusant*, **okashii** signifie *bizarre, étrange*.

227 | Il peut arriver que deux adjectifs (rarement plus) soient employés simultanément pour définir deux qualités attribuées à un même objet. Il faut distinguer le cas où les deux adjectifs se trouvent en fin de phrase et le cas où les deux adjectifs se trouvent en fonction déterminante.

228 | Les deux adjectifs sont en fin de phrase. Le premier subit une modification. Si l'ensemble est au passé, seul le dernier adjectif prend la marque de passé. Seul le dernier adjectif aussi prend la marque de degré moyen.

• s'il s'agit d'un adjectif en **-i**, il prend sa forme en **-ku**, le plus souvent élargie par le suffixe **-te**.

Exemples › **ano kangofu-san wa totemo yasashiku, reigitadashii desu**
cette infirmière très est-gentille est-polie
Cette infirmière est très gentille et polie.
tora wa neko yori ookikute tsuyoi desu
tigre chat est-grand est-fort
Le tigre est plus grand et plus fort que le chat.
sono mise no râmen wa yasukute oishikute ii yo ne
ce commerce nouilles sont-peu-chères sont-bonnes c'est bien
Les nouilles de ce restaurant sont peu chères et délicieuses, c'est bien !

• s'il s'agit d'un adjectif invariable, il est suivi de la forme **de** de l'actualisateur.

Exemples › **kono shima no onnatachi wa kirei de kawaii desu**
cette île femmes sont-belles sont-adorables
Les femmes de cette île sont belles et adorables.
sensô no mae kono machi wa nigiyaka de hanayaka deshita
guerre avant cette ville était-animée était-florissante
Avant la guerre cette ville était animée et florissante.

229 | Les deux adjectifs sont en fonction déterminante. Il y a deux possibilités :

• les deux adjectifs se suivent sans modification. Si un des deux adjectifs est un adjectif invariable, il vient en dernier.

Exemples › **kawaii koneko ga chiisai kuroi ryôte de jimen o hikkaitte ita**

est-mignon chaton sont-petites sont-noires deux-pattes sol grattait

Un adorable petit chat grattait la terre de ses deux petites pattes noires.

ike no hotori ni kawaii chiisa na hana ga saite ita

étang bord sont-jolies sont-petites fleurs fleurissaient

Au bord de l'étang fleurissaient de jolies petites fleurs.

• le premier subit une modification dans les mêmes conditions que dans le cas précédent (cf § 228).

Exemples › **ryôshin no ie wa ookikute rippa na ie deshita**

mes-parents maison est-grande est-magnifique maison c'était

La maison de mes parents était une grande maison imposante.

hakuchô wa ookikute utsukushii tori desu

cygne est-grand est-beau oiseau c'est

Le cygne est un grand et bel oiseau.

shizuka de odayaka na tokoro deshita

est-calme est-paisible lieu c'était

C'était un endroit calme et paisible.

Chap. 10 ›

LE VERBE

Sec. 1 ›

LE RAPPORT AU TEMPS

230 | Pour tout procès (action ou état) exprimé par le verbe, il existe deux possibilités :
• le procès est envisagé en dehors de tout repère temporel : un état permanent, un procès simplement cité en-soi. On parle alors d'**atemporel**.
• le procès est situé dans un contexte temporel. Dans ce cas, il y a deux points de vue :

1) le procès est situé dans une chronologie : il a déjà eu lieu, il a lieu au moment où on parle, ou est envisagé pour l'avenir. Il est donc situé de façon relative par rapport à un déroulement conçu linéaire du temps. C'est ce qui est réalisé par la catégorie grammaticale dite **le temps**.

2) le procès est pris indépendamment de sa situation dans la chronologie, de façon absolue, dans son propre déroulement interne : il commence, il est en cours, il est achevé, il se répète. C'est ce qui est réalisé par la catégorie grammaticale dite **l'aspect**.

Chaque forme verbale doit être envisagée dans son rapport à ces deux possibilités et ces deux points de vue. Mais il arrive qu'une même forme corresponde à diverses valeurs ou qu'elle les cumule.

231 | Les verbes peuvent être classés en trois grandes catégories :
a) les verbes d'état
Ils sont peu nombreux. Ils expriment l'existence ou la localisation : **aru** *exister/se trouver* (objets), **iru** *exister/se trouver* (êtres animés) ; la perception : **mieru** *être visible*, **kikoeru** *être audible* ; la possibilité : **dekiru** *être possible*, **wakaru** *être compréhensible*.

b) les verbes de qualification
Un peu plus nombreux, ils expriment une caractéristique possédée par un objet ou une personne.

Exemple › **sugureru** *être supérieur*, **niru** *ressembler*

c) <u>les verbes d'action</u>
Ils constituent la majorité des verbes.
Selon le type d'action qu'ils expriment, ces verbes se répartissent en deux sous-catégories :
– ceux qui expriment une action pouvant être envisagée dans une durée, on parle alors de verbes « duratifs » : **hashiru** *courir*, **hanasu** *parler*, **kaku** *écrire/dessiner*
– ceux qui expriment une action ne pouvant être envisagée dans une durée, on parle alors de verbes « instantanés » : **tatsu** *se lever*, **noru** *monter dans un véhicule*, **kiru** *enfiler un vêtement*.

Ces distinctions entraînent d'importantes différences de valeurs, pour des formes identiques.

232 | Le système présente <u>trois formes fondamentales</u>, dont la valeur dépend de la catégorie à laquelle appartient le verbe :
– forme en **-u*/-masu**
– forme en **-ta/-mashita**
– forme en **-te iru/-te imasu**, **-te ita/-te imashita**

*Pour simplifier l'exposé, cette expression « forme en **-u** » inclut ici la forme en **-u** des verbes multibases et la forme en **-ru** des verbes unibases.

233 | D'une façon générale :

<u>La forme en **-u/-masu** sert à</u> :
– situer un état dans le présent, ou un procès dans le présent ou l'avenir (temps).
– exprimer un état habituel permanent ou la répétition d'un procès (aspect).
– simplement à nommer un état ou un procès, indépendamment de tout rapport au temps (atemporel) et de ce fait, elle sert traditionnellement de forme de référence pour nommer un verbe en dehors de tout contexte, par exemple dans les grammaires ou les dictionnaires. Elle est d'ailleurs souvent appelée « forme du dictionnaire » (cf § 12 et 13).

<u>La forme en **-ta/mashita**</u> sert à situer un état, une qualité ou un procès dans le passé (temps). Ou bien indépendamment de la chronologie, à indiquer qu'à un moment du temps passé, présent ou futur, un état est considéré comme réalisé ou qu'un procès est considéré comme achevé (aspect).

La forme en **-te iru/-te imasu**, composée de la forme en **-te** d'un verbe suivie du verbe **iru** utilisé comme auxiliaire, a pour valeur spécifique d'exprimer une durée (aspect), qu'il s'agisse d'une durée linéaire, d'une durée due à la répétition, ou d'une durée acquise par la réalisation d'un procès. Elle cumule cette valeur avec la valeur temporelle de la forme en **-u** (aspect + temps). La forme **-te ita/-te imashita** permet de situer cette durée à un moment du passé (aspect + temps).

Dans la langue parlée, pour les verbes les plus usités, les formes en **-te iru/-te ita** sont souvent contractées : **motsu** prendre en main (verbe instantané) > **motte iru** *j'ai, je tiens* > **motteru** ; **matsu** *attendre* (verbe duratif) > **matte iru** *j'attends* > **matteru**.

Exemple › **nani o itteru [itte iru] n da**

quoi tu-dis

Qu'est-ce que tu racontes là ?

Le choix entre les formes peut aussi relever de contraintes syntaxiques dans les structures complexes, que traite la Partie 5 de cet ouvrage.

234 | À noter que dans un récit continu, relatant des faits situés dans un passé réel ou imaginaire, les formes en **-u/-masu** et **-te iru/-te imasu** peuvent être employées à des fins stylistiques : rendre le passé présent, donner plus de vivacité au récit.

Exemple › **suzuki tarô wa 1885 nen ni akitaken no noshiro-shi ni**

Suzuki Tarô 1885 année département-d'Akita ville-de-Noshiro

umareru. ni-jû nendai ni kazu ooku no sakuhin o

naît 20 années nombre nombreux œuvres

happyô-suru

publication il-fait

SUZUKI Tarô naît en 1885 dans la ville de Noshiro dans le département d'Akita. Il publie de nombreuses œuvres dans les années 20.

Très souvent, on y mélange des formes en **-ta/-mashita** et **-te ita/-te imashita** et des formes en **-u/-masu** et **-te iru/-te imasu**.

Exemple › **futari no kodomo wa daidokoro ni kakekonda. okaasan**

deux-personnes enfants cuisine se-ruèrent leur-mère

wa bangohan no shitaku o shite iru

dîner préparatifs est-en-train-de-faire

Les deux enfants se ruèrent dans la cuisine. Leur mère était [est] en train d'y préparer le repas du soir.

235 | Cas des verbes d'état

• forme en **-u/-masu**

La forme en **-u/-masu** exprime un état appartenant au moment présent (temps).

Exemples › **asoko no kumo no aida ni fuji-san ga miemasu**

là-bas nuages intervalle Fuji-Mont est-visible

On voit le mont Fuji là-bas entre les nuages.

boku no kaban wa doko ni aru no

moi cartable où se-trouve

- têburu no shita ni aru yo

table dessous se-trouve

Où est mon cartable ?- Il est sous la table !

Ou un état non précisé dans le temps (atemporel).

Exemples › **nihon wa ajia tairiku no higashi ni arimasu**

Japon Asie continent est se-trouve

Le Japon se trouve à l'est du continent asiatique.

atashi no apâto no mado kara fuji-san ga miemasu

moi appartement fenêtre Fuji-Mont est-visible

Des fenêtres de mon appartement on voit le mont Fuji.

• forme en **-ta/-mashita**

La forme en **-ta/-mashita** situe cet état à un moment du passé (temps).

Exemples › **tsutomu-kun ni wa tomodachi ga inakatta**

Tsutomu amis n'existaient pas

Tsutomu n'avait aucun ami.

chôdo sono toki ni beru no oto ga kikoemashita

juste ce moment sonnette bruit a-été-audible

Juste à ce moment-là, j'ai entendu la sonnette.

michiko-chan, e wa yoku dekimashita ne

Michiko dessin bien a-été-possible

Tu as bien réussi ton dessin, Michiko !

• forme en **-te iru/-te imasu, -te ita/-te imashita**
Un état étant, par définition, quelque chose qui dure, ces formes ne sont jamais employés pour les verbes d'état.

236 | Cas des verbes de qualification

• forme en **-u/-masu**
La forme en **-u/-masu** exprime une donnée générale, non située dans le temps (atemporel).

Exemple › **taue no shigoto wa totemo tsukaremasu**
repiquage travail très est-fatiguant
Le travail de repiquage est très fatiguant.

• forme en **-ta/-mashita**
Quand la qualité est l'aboutissement d'un processus, c'est la forme en **-ta/-mashita** qui est utilisée (aspect + temps).

Exemple › **ichinichijû benkyô-shita. tsukareta naa**
toute-une-journée étude j'ai fait. je-suis-fatigué
J'ai travaillé toute la journée. Je suis crevé !

• forme en **-te iru/-te imasu, -te ita/-te imashita**
Quand la qualité est permanente, qu'elle est ou était installée dans la durée, c'est cette forme **-te iru/-te imasu, -te ita/-te imashita** qui est employée (aspect + temps). Certains verbes ne sont utilisés qu'à cette forme. Par exemple **sugureru** *être supérieur* > **sugurete iru**, **niru** *ressembler* > **nite iru**.

Exemples › **kono goro hontô ni tsukarete imasu**
ce moment vraiment je-suis-fatigué
En ce moment je suis vraiment fatigué.

asa kara kumotte ita
matin était-nuageux
Dès le matin il fit un temps couvert.

Cependant, dans le cas de la détermination (cf § 133 et Partie 3) c'est la forme en **-ta** qui est utilisée.

Exemple › **hontô ni sugureta hito datta sô desu**
vraiment était-supérieur être-humain c'était il-paraît-que
Il paraît que c'était un homme vraiment extraordinaire.

237 | Cas des verbes dits « duratifs », exprimant une action susceptible de durer.

• <u>forme en **-u/-masu**</u>
Exprime un procès non situé dans le temps (atemporel).

Exemples › **o-sake wa kome de tsukurimasu**

sake riz-cru on-fabrique

On fait le saké avec du riz.

hiragana de oto o arawashimasu

hiragana sons on-exprime

Avec les hiragana on note les sons.

Permet d'annoncer une action imminente ou qui est en train de commencer (aspect + temps).

Exemple › **chotto yasumimasu**

un-peu je-vais-me-reposer

Je vais me reposer un peu.

Permet de situer le procès dans un avenir proche ou lointain (temps).

Exemple › **rainen no natsu chûgoku ryokô o shimasu**

année-prochaine été Chine voyage je-fais

Je vais faire (fais) un voyage en Chine l'été prochain.

Permet d'exprimer une habitude présente ou passée, un phénomène répétitif (aspect).

Exemples › **maiasa koko de basu o machimasu**

chaque-matin ici bus j'attends

Tous les matins j'attends mon bus ici.

tôkyô de wa sakura no hana wa shigatsu no hajime ni sakimasu

Tôkyô cerisiers fleurs avril début fleurissent

À Tôkyô les cerisiers fleurissent au début du mois d'avril.

• <u>forme en **-ta/-mashita**</u>
Situe le procès dans le passé (temps).

Exemple › **kûkô de san jikan machimashita**

aéroport trois heures j'ai-attendu

J'ai attendu trois heures dans l'aéroport.

Indique que le procès est terminée par rapport à un point de repère dans le temps (aspect).

Exemples › **kyû ni kodomo no toki no oshôgatsu o omoidashimashita**

tout-à-coup enfant temps Nouvel-An je-me-suis-souvenu

Je me suis tout à coup souvenu des fêtes de Nouvel An de mon enfance.

heya o katazuketa ato, shokuji shimashô
pièce tu-as-nettoyé après-que repas faisons
Quand tu auras fait le ménage de la pièce, nous pourrons dîner.

• forme en **-te iru/-te imasu, -te ita/-te imashita**
Indique que le procès est en cours (était en cours, pour **-te ita/-te imashita**), à un quelconque moment du temps (aspect + temps).

Exemples › **senshû kara, shikoku de wa taue o shite imasu**
semaine-dernière Shikoku repiquage-du-riz on-fait
Depuis la semaine dernière, on procède au repiquage du riz à Shikoku.
sono toki, berugî no buruseru ni sunde imashita
ce temps Belgique Bruxelle j'habitais
À cette époque, j'habitais à Bruxelles en Belgique.

Permet d'exprimer une habitude, un phénomène répétitif présent ou passé. Dans ce cas figure souvent une indication temporelle (aspect + temps).

Exemples › **konogoro takusan no jiko ga okotte imasu**
en-ce-moment beaucoup accidents surviennent
En ce moment, il arrive beaucoup d'accidents.
gakusei no toki maiasa san jikan piano o hiite imashita
étudiant moment chaque-matin trois heures piano je-jouais
Quand j'étais étudiant, je jouais du piano trois heures tous les matins.

Permet d'exprimer un acquis, en particulier quand il y a une idée de quantité, chiffrée ou non (aspect).

Exemple › **kawabata yasunari no sakuhin o zenbu yonde imasu**
Kawabata Yasunari œuvres en-entier je-suis-en-état-de-lecture
J'ai lu toutes les œuvres de KAWABATA Yasunari.

238 | Cas des verbes dits « instantanés », exprimant une action considérée comme ne pouvant pas s'inscrire dans la durée et qui est faite en vue d'obtenir un résultat qui, lui, va durer.

• forme en **-u/-masu**
Exprime un procès non situé dans le temps (atemporel).

Exemple › **kabuki no haiyû wa sugoku rippa na fuku o kimasu**
kabuki acteurs extrêmement magnifiques vêtements portent
Les acteurs de kabuki portent des vêtements tout-à-fait magnifiques.

Indique qu'une action est imminente ou est en train de commencer (aspect).

Exemple › **ima dekakemasu**

maintenant je-sors

Je sors.

Exprime un procès envisagé pour l'avenir (temps).

Exemple › **ashita no yoru tomodachi to issho ni eiga o mi ni ikimasu**

demain soir amis ensemble film voir je-vais

Je vais au cinéma demain soir avec des amis.

Exprime une habitude (aspect).

Exemple › **maishû getsuyôbi, pûru ni ikimasu**

chaque-semaine lundi piscine je-vais

Tous les lundis, je vais à la piscine.

• forme en **-ta/-mashita**

Indique que cette action est située dans le passé et que le résultat en est acquis (aspect + temps).

Exemples › **chôcho ga mado no fuchi ni tomarimashita**

papillon fenêtre bord s'est posé.

Un papillon s'est posé sur le bord de la fenêtre.

shingô ga aka ni kawatta

feu rouge a-changé

Le feu passa au rouge.

Indique que le processus a été réalisé (aspect).

Exemples › **sono shirase ni taihen odorokimashita**

cette annonce beaucoup j'ai-été-surpris

J'ai été stupéfait par cette annonce.

komarimashita

Je suis embarrassé.

• forme en **-te iru/-te imasu, -te ita/-te imashita**

Exprime le résultat acquis au terme d'un processus (aspect + temps).

Exemples › **doa ga aite imashita**

porte s'était-ouverte

La porte était ouverte. (**aku** = *s'ouvrir*)

tsuki ga sora no mannaka ni nobotte ita

lune ciel plein-milieu avait-monté

La lune était posée en plein milieu du ciel. (**noboru** = *grimper*)

Exemple › **toshitotta hito ga bonnyari to isu ni kakete imashita**
vieux être-humain [idée-de-vague] chaise était-assis
Le vieil homme était assis sur sa chaise les yeux dans le vague.
(**kakeru** = *s'asseoir*)

Peut exprimer une habitude (aspect).
Exemple › **ie de wa yomiuri shinbun o totte imasu**
maison Yomiuri journal on-prend
Chez nous, on prend le journal Yomiuri.

Exceptionnellement, dans certains cas, la forme en **-te iru/-te imasu**, **-te ita/-te imashita**, accompagnée d'une indication temporelle, peut aussi exprimer qu'une action brève est en train de s'accomplir.
Comparer les deux exemples (aspect + temps) suivants.
Exemples › **shiroi wanpîsu o kite imasu**
est-blanche robe elle-porte
Elle porte une robe blanche.
ima chôdo fuku o kite imasu
maintenant juste vêtements elle-est-en-train-de mettre
Elle est juste en train de s'habiller.

239 | La forme en **-te iru/-te imasu**, **-te ita/-te imashita** est employée dans sa version négative **-te inai/-te imasen**, **-te inakatta/-te imasen deshita**, pour exprimer un état de non-réalisation d'un procès (aspect).
Exemples › **kurosawa no ran o mimashita ka – iie, mada mite inai**
Kurosawa Ran tu-as-vu. non pas-encore je-suis-en-état-de-non-vue
Tu as vu « Ran » de KUROSAWA ? – Non je ne l'ai pas encore vu.
yamaguchi-san-tachi wa mada kite inai no yo
les-Yamaguchi pas encore ne-sont-pas-en-état-d'être-venus
Les YAMAGUCHI ne sont pas encore arrivés.

Sec. 2 › COMBINAISON D'UN AUXILAIRE ET D'UNE FORME EN -te

240 | Outre **-te iru**, il existe de nombreuses autres combinaisons de la forme en **-te** avec des verbes utilisés comme auxiliaires, qui permettent d'exprimer une certaine manière de concevoir le procès signifié par le verbe à la forme en **-te**.

241 | Combinaison avec **miru** *regarder*

-te miru indique qu'il s'agit d'un essai, prélude peut-être à un accomplissement total du procès, la poursuite de l'action dépendant de ce que ce début va provoquer : *faire juste pour voir, essayer de, se risquer à*.

Exemples › **undôkai no toki no koto o junjun ni omoidashite mimashita**

journée-sportive temps choses dans-l'ordre j'ai-essayé-de-me-rappeler

J'ai essayé de me rappeler, dans l'ordre, tout ce qui s'est passé lors de la journée sportive.

akira wa uma no kubisuji o karuku tataite mita

Akira cheval encolure légèrement se-risqua-à-tapoter

Akira se risqua à tapoter doucement l'encolure du cheval.

242 | Combinaison avec **oku** *poser, mettre*

-te oku situe un procès antérieurement à un autre procès, le premier servant de préparation au second : *faire d'abord, en préparation de*.

Exemple › **raishû konsâto ni ikimashô ka. watashi ga chiketto o**

semaine-prochaine concert allons. moi billets

katte okimasu

j'achète-à-l'avance

Si on allait la semaine prochaine au concert. Je m'occupe d'acheter les billets à l'avance.

243 | Combinaison avec **shimau** *ranger, mettre en ordre*

-te shimau indique soit que le procès est mené à son terme : *faire jusqu'au bout*, soit que le procès est lui même le terme d'une démarche : *finir par faire*.

Exemples › **sono hon wa sugoku omoshiroi desu yo. boku wa**

ce livre très est-intéressant moi

ni jikan de yonde shimatta

deux heures j'ai-lu-jusqu'au-bout

Ce livre est très intéressant. Je l'ai lu entièrement en deux heures.

tsui ni haiyû ni natte shimaimashita

finalement acteur j'ai-fini-par-devenir

En conclusion, j'ai fini par devenir acteur.

Dans la langue parlée, **-te shimau** est souvent contracté en **-chau**, et **-te shimatta** en **-chatta**.

Exemple › **aa, wasurechatta [wasurete shimatta]**

Ah ! J'ai complètement oublié !

244 | Combinaison avec **aru** *exister/se trouver*
-te aru exprime le résultat d'un procès dont l'actant est inconnu. Il y a eu de toute évidence intervention d'un actant pour que le résultat soit obtenu mais il n'est pas connu du locuteur.

Exemple › **kono hondana ni jisho ga narabete arimasu**
cette étagère dictionnaires ont-été-l'objet-d'alignement
On a rangé les dictionnaires sur cette étagère-ci.

245 | Combinaison avec **iku** *aller* et **kuru** *venir*
-te iku et **-te kuru** indiquent le sens du développement du procès, sur le plan spatial ou temporel.

246 | Sur le plan spatial

• avec **kuru** : un mouvement se développe (**-te kuru/-te kimasu**) ou s'est développé (**-te kita/-te kimashita**) en venant vers le lieu qui sert de point de repère dans l'espace. Ce lieu est celui où se tient le locuteur ou le lieu où il se place par la pensée comme observateur.

Exemples › **teki ga oshiyosete kuru**
ennemi approche-de-nous
L'ennemi approche.

kodomo no waraigoe ga kikoete kimashita
enfants rires sont-parvenus-à-nos-oreilles
Des rires d'enfants sont parvenus jusqu'à nous.

• avec **iku** : un mouvement se développe (**-te iku/-te ikimasu**) ou s'est développé (**-te itta/te ikimashita**) à partir du lieu qui sert de point de repère dans l'espace. Ce lieu est celui où se tient le locuteur ou le lieu auquel il se place par la pensée comme observateur.

Exemples › **korekara supêsu shatoru wa uchû sutêshon kara**
à-partir-de-maintenant espace navette univers station
toozakatte ikimasu
s'éloigne
Maintenant la navette quitte la station spatiale.

futari wa chiisa na ie ni haitte ikimashita
deux-personnes est-petite maison sont-entrées
Ils entrèrent tous les deux dans la petite maison.

247 | <u>Sur le plan temporel</u>

-te kuru indique que l'action s'est développée depuis un moment antérieur jusqu'au moment qui sert de point de repère dans le temps. Donc seules les formes **-te kita/te kimashita** et **-te kite iru/-te kite imasu** sont employées.

Exemples › **roppongi no machi wa kono ni-jû nenkan no aida taihen**
Roppongi quartier ces vingt années intervalle beaucoup
kawatte kita
a-changé
Le quartier de Roppongi a terriblement changé ces vingt dernières années.

hi wa masumasu nagaku natte kite iru
jours progressivement longs sont-en-train-de-devenir
Les jours sont en train de rallonger petit à petit.

-te iku indique que l'action va se dérouler (**-te iku/-te ikimasu**) ou qu'elle s'est déroulée (**-te itta/-te ikimashita**) à partir du moment qui sert de point de repère dans le temps.

Exemples › **korekara tashika ni zeikin ga mata agatte iku deshô**
désormais sûrement impôts encore vont-augmenter
À partir de maintenant, les impôts vont sûrement encore augmenter.

sensô no owari kara, yo no naka no arisama wa hageshiku
guerre fin monde intérieur situation intensément
kawatte ikimashita
s'est-mise-à-changer
Depuis la fin de la guerre, la situation dans le monde a changé fortement.

Sec. 3 › LES VERBES DE DON

248 | On peut considérer à part un ensemble de verbes : <u>les « verbes de don »</u>. Ces verbes, qui expriment les actes de donner et recevoir, impliquent donc deux partenaires : un donneur et un récepteur. L'identité du donneur et celle du récepteur sont déterminantes dans l'emploi de ces verbes. La description peut se faire selon deux orientations : l'acte de don est décrit du point de vue du donneur ou il est décrit du point de vue du récepteur.

On distingue le cas où le locuteur est impliqué dans cet échange, de celui où il ne l'est pas, et où l'acte de don concerne deux tierces personnes.

249 | Le locuteur est impliqué
a) Le locuteur est le donneur : **yaru, ageru, sashiageru**. Le récepteur (s'il est exprimé) est suivi de **ni**. La différence entre les trois verbes est une différence de degré : **yaru** degré moins, **ageru** degré moyen, **sashiageru** degré plus (*je* déférent) (cf § 7 et 21 à 23).

Exemples › **kurisumasu no toki tomodachi no kodomo ni**
Noël temps amis enfants
chokorêto o agemasu
chocolats je-donne
Pour Noël, j'offre des chocolats aux enfants de mes amis.
kôhî de mo sashiagemashô
café vous-donnerais-je
Est-ce que je peux vous offrir un café ?

Le cas de **yaru** est particulier. Il s'emploie normalement lorsqu'il s'agit d'une relation avec un animal ou un végétal.

Exemple › **inu no bobi ni niku o yarimashita**
chien Bobby viande j'ai-donné
J'ai donné de la viande à mon chien Bobby.

S'il s'agit d'une relation entre humains, ce terme est exclu du langage féminin, et fait partie de toute façon d'un niveau de langue très familier.

Exemple › **OK, omae ni sen en o yaru yo**
OK toi mille yens je-donne
D'accord, je te file mille yens.

b) Le locuteur est le récepteur : deux possibilités.
• l'acte de donner est vu du côté du partenaire-donneur : **kureru, kudasaru**. S'il est exprimé, le partenaire-donneur est suivi de **ga, wa** ou **mo** selon le contexte. La différence entre les deux verbes est une différence de degré : **kureru** degré moyen, **kudasaru** degré plus (*vous (il/elle)* respecté) (cf § 7 et 21 à 23).

Exemples › **tonari no hito ga kawaii koneko o kuremashita**

voisinage être-humain est-mignon chaton m'a donné

Mon voisin m'a donné un adorable petit chat.

sensei wa hitori hitori ni kami o kudasaimashita

professeur une-personne une-personne papier nous-a-donné

Le professeur nous a remis à chacun une feuille.

• l'acte de donner est vu du côté du locuteur-récepteur : **morau, itadaku**. Si le partenaire-donneur est exprimé il est suivi de **ni** ou de **kara**. La différence entre les deux verbes est une différence de degré : **morau** degré moyen, **itadaku** degré plus (*je* déférent) (cf § 7 et 21 à 23).

Exemples › **oji <u>ni/kara</u> mezurashii omiyage o moraimashita**

mon oncle sont-originaux cadeaux-souvenirs j'ai-reçu

Mon oncle m'a ramené des souvenirs de voyage originaux.

[J'ai reçu de mon oncle des souvenirs de voyage originaux]

sensei <u>ni/kara</u> sugoku omoshiroi hon o itadakimashita

professeur très est-intéressant livre j'ai-reçu

Mon professeur m'a donné un livre très intéressant.

[J'ai reçu de mon professeur un livre très intéressant]

L'emploi de ces deux verbes peut impliquer que le don a été sollicité par le récepteur, et que l'initiative a donc été de son côté.

Exemple › **tôtô chichi no yurushi o moraimashita**

enfin mon-père autorisation j'ai reçu

J'ai enfin eu l'autorisation de mon père.

On pourrait représenter le système des verbes de dons par le schéma suivant :

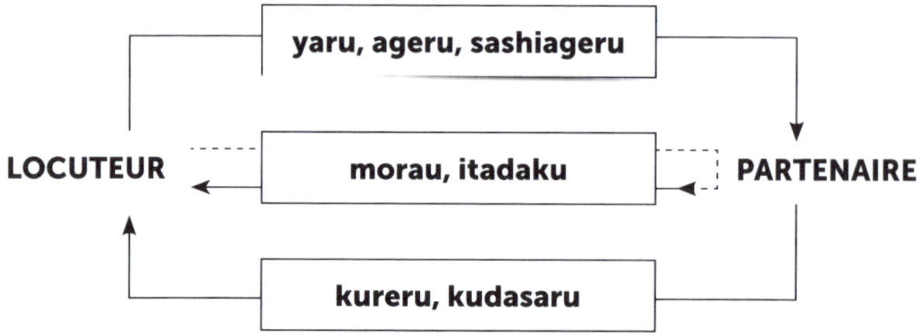

250 | <u>Le locuteur n'est pas impliqué</u>. L'échange se fait entre deux tierces personnes, l'un étant donneur et l'autre récepteur. Le critère est le point de vue qu'adopte le locuteur/narrateur. Soit il se place du point de vue du donneur, soit il se place du point de vue du récepteur. Le système fonctionne alors selon les règles décrites au paragraphe précédent.

a) Le locuteur/narrateur se place du côté du donneur : **yaru, ageru, sashiageru**.
Le récepteur (s'il est exprimé) est suivi de **ni**. La différence entre les trois verbes est une différence de degré : **yaru** degré moins, **ageru** degré moyen, **sashiageru** degré plus (*je* déférent) (cf § 7 et 21 à 23). Le choix dépend de la relation que le locuteur estime être celle qui relie les deux protagonistes. Dans un tel cas, l'emploi du degré plus est rare.

Exemple › **dôryô ga hanayome <u>ni</u> hana o agemashita**

collègues mariée fleurs lui-ont-donné

Ses collègues ont offert des fleurs à la mariée.

b) Le locuteur/narrateur se place du point de vue du récepteur : deux possibilités.

• l'acte de donner est situé du côté du donneur : **kureru, kudasaru**. S'il est exprimé, le donneur est suivi de **ga**, **wa** ou **mo** selon le contexte. La différence entre les deux verbes est une différence de degré : **kureru** degré moyen, **kudasaru** degré plus (*vous* (*il/elle*) respecté) (cf 7 § 21 à 23). Le choix dépend de la relation que le locuteur estime être celle qui relie les deux protagonistes.

Exemple › **oji ga imôto <u>ni</u> o kane o kuremashita**

mon-oncle ma-petite-sœur argent lui-a-donné

Mon oncle a donné de l'argent à ma sœur.

• l'acte de donner est vu du côté du récepteur : **morau, itadaku**. Si le donneur est exprimé, il est suivi de **ni** ou de **kara**. La différence entre les deux verbes est une différence de degré. Le choix dépend de la relation que le locuteur estime être celle qui relie les deux protagonistes : **morau** degré moyen, **itadaku** degré plus (*je* déférent) (cf § 7 et 21 à 23).

Exemple › **imôto wa oji <u>ni/kara</u> o kane o moraimashita**

ma-petite-sœur mon-oncle argent elle-a-reçu-de-lui

Mon oncle a donné de l'argent à ma sœur.

[*Ma sœur a reçu de l'argent de mon oncle*]

251 | <u>Ces mêmes verbes jouent le rôle d'auxiliaires</u> dans des expressions composées à partir de la forme en **-te**. Ils permettent alors d'exprimer l'orientation de l'action entre deux personnes. Certains procès en effet impliquent l'existence d'un actant du procès et d'un bénéficiaire du procès. La forme en **-te** du verbe exprime le procès, et l'auxiliaire permet de répartir les rôles d'actant et de bénéficiaire. On distingue deux groupes d'auxiliaires selon que le locuteur est l'actant ou le bénéficiaire (cf § 249).

a) Le locuteur est l'actant : -**te yaru, -te ageru, -te sashiageru**. Si le bénéficiaire est exprimé, il est suivi de **ni** :
-te ageru (degré moyen) / **-te sashiageru** (degré plus) *je fais pour x*

Exemples › **musuko ni maiban hon o yonde yaru**

mon-fils chaque-soir livre je-lui-lis

Tous les soirs, je lis un livre à mon petit garçon.

sugu okutte agemasu

immédiatement je-vous-envoie

Je vous l'envoie tout de suite.

b) Le locuteur est le bénéficiaire :

• Sans initiative de sa part : **-te kureru/-te kudasaru**. Si l'actant est exprimé, il est suivi de **ga, wa** ou **mo** selon le contexte.

Exemples › **otôsan <u>wa</u> iron na koto o oshiete kureta**

mon-père toutes-sortes choses m'a-enseigné

Mon père m'a enseigné toutes sortes de choses.

tomodachi <u>wa</u> opera no kippu o katte kuremashita

ami Opéra billet m'a-acheté

Mon ami m'a acheté une place pour l'Opéra.

• avec initiative de sa part : **-te morau/-te itadaku**.
Si l'actant est exprimé, il est suivi de **ni** ou de **kara**.

Exemples › **tomodachi <u>kara</u> opera no kippu o katte moraimashita**

ami Opéra billet j'ai-obtenu-de-lui-qu'il-achète

Je me suis fait acheter par mon ami un billet pour l'Opéra.

sensei <u>ni</u> shi no chizu o misete itadakimashita
professeur ville plan nous-avons-obtenu-de-lui-qu'il-nous-montre
Nous nous sommes fait montrer par notre professeur un plan de notre ville.
Si l'action concerne deux tierces personnes, l'utilisation de l'auxiliaire dépend du point de vue qu'adopte le locuteur/narrateur : soit le point de vue de l'actant, soit le point de vue du bénéficiaire.

Exemples › **tonari no hito ga tabitabi tamura obaasan o**
voisinage être-humain souvent Tamura grand-mère
tetsudatte agemasu
lui-vient-en-aide
Son voisin vient souvent en aide à la vieille Madame TAMURA.
tonari no hito ga musuko ni jidôsha o katte kuremashita
voisinage être-humain fils voiture a-acheté-pour-lui
Mon voisin a acheté une voiture à son fils.
akachan wa okaasan ni onbu-shite moratta
bébé sa-mère a-obtenu-d'elle-d'être-pris-dans-les -bras
Le bébé s'est fait prendre dans les bras par sa maman.

Sec. 4 › LES VERBES COMPOSÉS

252 | <u>Verbes composés</u>
De nombreux verbes résultent de <u>l'amalgame d'un verbe à un autre élément</u> : un nom, un adjectif ou un autre verbe. Dans tous les cas, le type du verbe ainsi obtenu est celui du verbe final.

253 | <u>nom + verbe</u>
Il s'agit de la composition formée d'un mot sino-japonais et du verbe **suru** (cf § 16). Ce mode de composition est extrêmement productif.

254 | <u>Adjectif + verbe : 1er cas</u>
Au radical d'un adjectif en **-i** ou directement à un adjectif invariable peut s'ajouter le verbe **sugiru** *dépasser, excéder,* l'ensemble signifiant être trop... : **takai** *être cher* > **taka sugiru** *être trop cher*, **kantan** *facile* > **kantan sugiru** *être trop facile*.

Exemple › **sûgaku no shiken no mondai wa kantan sugita.**

maths examen problème était-trop-simple

sugu dekimashita

immédiatement a-été-possible

Le problème de maths de l'examen était trop facile. Je l'ai trouvé tout de suite.

255 | Adjectif + verbe : 2e cas

Un suffixe **-garu** ajouté à un adjectif permet de former un verbe, qui est de type multibase. Ce suffixe s'emploie avec des adjectifs exprimant un jugement, lorsque ce jugement vient de la part d'une autre personne que le locuteur.

mezurashii *[Je trouve que] c'est étonnant* > **mezurashigaru** *Il(s) elle(s) trouve(nt) étonnant.*
omoshiroi *[Je trouve que] c'est intéressant* > **omoshirogaru** *Il(s) elle(s) trouvent intéressant.*

Exemple › **boku wa umaretsuki mimi ga fujiyû desu. saisho gakkô no**

moi de-naissance oreilles handicap c'est début école

tomodachi ga boku no mimi no hochôki o

camarades moi oreilles appareils

mezurashigatte ita

trouvaient-bizarre

Je suis malentendant de naissance. Au début, les camarades de l'école trouvaient bizarre les appareils à mes oreilles.

256 | Verbe + verbe

Le premier verbe est à la base unique des verbes unibases ou à la base en **-i** des verbes multibases. L'ensemble ainsi obtenu fonctionne comme un verbe simple. Il existe un très grand nombre de verbes ainsi composés.

L'union de deux verbes peut exprimer de façon plus précise un procès, ou un procès unique comportant plusieurs phases :

Exemples › **motsu** *tenir à la main* + **aruku** *marcher* > **mochiaruku** *porter avec soi, trimbaler*
arau *laver* **otosu** + *faire tomber* > **araiotosu** *enlever des taches en lavant*

tobu *sauter, voler* + **noru** *monter (dans/sur un moyen de locomotion)* > **tobinoru** *sauter sur (un cheval, un vélo), sauter dans (un train)*
kaku *écrire* + **arawasu** *exprimer* > **kakiarawasu** *dépeindre, décrire*
kiru *enfiler un vêtement* + **kaeru** *changer* > **kigaeru** *se changer*
Comme dans le dernier exemple, il arrive que la consonne initiale du second verbe subisse un changement phonétique de sonorisation.

257 | Certains verbes s'emploient de manière privilégiée comme seconde partie d'un verbe composé pour indiquer que le procès commence, se déroule ou se termine.

Le procès commence : **hajimeru, dasu**
hashiru *courir* + **dasu** *commencer* > **hashiridasu** *se mettre à courir*
kaku *écrire* + **hajimeru** *commencer* > **kakihajimeru** *se mettre à écrire*

Exemple › **ojiisan wa ookii koe de katarihajimeta**
grand-père être-grande voix commença-à-raconter
Le vieil homme se mit à raconter d'une voix forte.

Le procès se déroule : **tsuzuku, tsuzukeru**
furu *tomber (pluie/neige...)* + **tsuzuku** *se poursuivre* > **furitsuzuku** *continuer à pleuvoir/neiger...*
kazoeru *compter* + **tsuzukeru** *continuer* > **kazoetsuzukeru** *continuer à compter*

Exemples › **taemanaku is-shûkan hiru mo yoru mo ame ga furitsuzuita**
sans-arrêt une-semaine jour nuit pluie a-continué-à-tomber
Il a continué à pleuvoir sans arrêt nuit et jour pendant une semaine.

iroiro na iro no hana o kazoetsuzuketa
toutes-sortes couleurs fleurs ils-continuèrent-à-compter
Ils continuèrent à compter ces fleurs de toutes les couleurs.

Le procès se termine : **owaru**
kaku *écrire* + **owaru** *terminer* > **kakiowaru** *finir d'écrire*

Exemple › **tôtô kiji ga kakiowatta**
enfin article a-été-fini-d'écrire
J'ai enfin fini d'écrire mon article.

258 | <u>Le verbe **komu**</u> signifie *mettre* ou *entrer en grand nombre dans un lieu* qui, de ce fait, se trouve rempli, donc à la fois l'idée de l'entrée dans un lieu et de la densité ainsi obtenue.

Exemple › **matsuri de michi ga konde imasu**

fête rues sont-pleines

À cause de la fête, les rues sont bondées.

Comme second verbe, il peut exprimer :

• l'idée d'entrer ou de mettre dans un lieu, et il indique alors que le déroulement du procès exprimé par le premier verbe aboutit à entrer profondément dans un lieu, concret ou abstrait.

tobu *sauter* > **tobikomu** *se jeter dans, plonger, se ruer dans*
kangaeru *penser* > **kangaekomu** *être plongé dans ses pensées*
kaku *écrire* > **kakikomu** *prendre en note, consigner*
nozoku *jeter un coup d'œil* > **nozokikomu** *explorer du regard*

Exemples › **chikaku no yamamichi ni sutto hashirikonda**

proximité chemin-de-montagne rapidement courir-pour-entrer-dans

Ils s'enfoncèrent en courant à toute vitesse dans un sentier proche.

asahi ga heya ni sashikonde imasu

soleil-du-matin pièce pénètre

Le soleil du matin pénètre dans la pièce.

• l'idée de densité obtenue, et il indique alors que le procès est fait à fond, pleinement.

utsu *frapper, enfoncer* > **uchikomu** *se donner tout entier à, se consacrer à*
neru *dormir* > **nekomu** *être plongé dans un sommeil long et profond*

Exemple › **konogoro shujin ga seijikatsudô ni uchikonde imasu**

en-ce-moment mon-mari action-politique est-plongé-tout-entier

En ce moment mon mari est complètement pris par son activité politique.

259 | <u>Le verbe **sugiru**</u> exprime l'excès : *dépasser, excéder*. En composition avec un autre verbe, il veut dire *trop (faire)*.

nomu *boire* > **nomisugiru** *trop boire*
iu *dire* > **iisugiru** *exagérer*

Exemple › **atama ga itai – kinô no yoru tashika ni o-sake o**
tête est-douloureuse. hier soir sûrement alcool
nomisugita yo
tu-as-trop-bu
J'ai mal à la tête. – Tu as sûrement trop bu hier soir !

Rappel **sugiru** peut se combiner aussi avec un adjectif en **-i** ou un adjectif invariable (cf § 254).

Sec. 5 ›

LES VERBES DÉRIVÉS

260 | Verbes dérivés.
D'un verbe, on peut dériver trois autres verbes, par l'adjonction d'un suffixe. On obtient ainsi un verbe à valeur potentielle, un verbe à valeur factitive et un verbe à valeur passive. Cette dérivation est théoriquement possible pour tous les verbes, mais selon le sens de chaque verbe, certaines dérivations seront ou non utilisées. Elle n'est pas possible pour tous les verbes spécialisés dans le degré plus (cf § 23). Elle ne l'est pas non plus pour les verbes d'état (cf § 231), mis à part **aru**, mais pour lequel une seule dérivation est possible.

261 | Verbes dérivés à valeur potentielle
Un verbe à valeur potentielle exprime, comme son nom l'indique, que l'action est possible, que l'actant est capable de faire cette action. Mais si l'action porte sur un objet, c'est cet objet qui est considéré comme étant le siège de cette capacité. Il est donc suivi de **ga**, **wa** ou **mo**. Cependant par contamination de la construction habituelle du verbe, beaucoup de locuteurs emploient **o** à la place de **ga**.
shinbun o yomu *Je lis le journal* > **shinbun ga yomeru** *Je suis capable de lire le journal.* (litt. : *le journal est lisible pour moi*)

Exemple › **musuko wa mô ji ga/o kakemasu**
mon-fils déjà lettres peut-écrire
Mon petit garçon sait déjà écrire.

Pour les verbes unibases, le potentiel se forme par l'adjonction au radical en **-i** ou **-e** d'un suffixe **-rareru** :

oboe-ru *se souvenir* > **oboe-rareru** *pouvoir retenir* ; **tabe-ru** *manger* > **tabe-rareru** *pouvoir manger*

Exemple › **watashi wa shi ga kantan ni oboeraremasu**

moi poèmes facilement peuvent-être-retenus

J'arrive facilement à retenir les poèmes.

Pour les verbes multibases, il se forme par l'adjonction au radical (terminé par une consonne) d'un suffixe **-eru**.

tor-u *prendre* > **tor-eru** *pouvoir prendre* ; **i-u** dire > **i-eru** on peut dire ; **nemur-u** *dormir* > **nemur-eru** *pouvoir dormir*

Exemples › **sono yoru wa nakanaka nemuremasen deshita**

cette-là nuit pas-vraiment n'était-pas-possible-de-dormir

Cette nuit-là, je n'ai vraiment pas pu dormir.

kotoshi yon-hyaku ton no mugi ga toremashita

cette-année quatre-cents tonnes blé a-pu-être-pris

Cette année, on a pu tirer 400 tonnes de blé.

Pour les verbes irréguliers :

– cas particulier : le verbe **suru** se voit remplacer par un autre verbe : **dekiru** qui signifie exactement *être possible*.

– **iku** présente deux formes de potentiel : l'une se forme comme celle des verbes multibases : **ik-u** > **ik-eru**, l'autre proche de celle des verbes unibases : **ik-u** > **ik-areru**.

– le potentiel de **kuru** se forme comme celui des verbes unibases, sur sa base **ko-** (cf § 17) **kuru** > **ko-rareru**.

– le verbe **aru** a un dérivé potentiel : **ari-eru** *être susceptible d'exister*.

262 | En langue écrite, un ancien suffixe **-beki** suivant la forme en **-u** des verbes (cf § 214), peut aussi servir à exprimer un potentiel : **iu** *dire* > **iu-beki** *on peut dire* (= **ieru**).

Exemple › **nichijô seikatsu de wa sukoshi no kotoba shika**

quotidienne vie un-peu mots si-ce-n'est

tsukatte inai to iubeki darô

on-n'utilise-pas on-peut-dire

On peut sans doute dire que dans la vie courante nous n'utilisons que peu de mots.

263 | Verbes dérivés à valeur factitive
Un verbe à valeur factitive indique qu'on fait faire une action à quelqu'un, le plus souvent avec l'idée qu'on incite fortement ou même force la personne à accomplir cette action. La personne ainsi incitée à agir est suivie de **ni**.

Pour les verbes unibases, le factitif se forme par l'adjonction au radical en **-i** ou **-e** d'un suffixe **-saseru** : **oboe-ru** *se souvenir* > **oboe-saseru** *faire se souvenir ;* **tabe-ru** *manger* > **tabe-saseru** *faire manger*

Exemples › **sannensei ni nihon no chiri o oboesasemasu**
élève-de-3e-année Japon géographie on-fait-se-souvenir
On fait apprendre la géographie du Japon aux élèves de troisième année.
akachan ni yasai o tabesasemashita
bébé légumes j'ai-fait-manger
J'ai fait manger des légumes au bébé.

Pour les verbes multibases, il se forme par l'adjonction au radical (terminé par une consonne) d'un suffixe **-aseru** : **kak-u** *écrire, dessiner* > **kak-aseru** *faire écrire ;* **mats-u** *attendre* > **mat-aseru** *faire attendre*

Exemple › **tomodachi o ichi jikan mo matasemashita**
ami une heure j'ai-fait-attendre
J'ai fait attendre mon ami une heure.

À noter dans le cas des verbes multibases dont la consonne du radical a disparu (cf § 20), la consonne **w** se trouve rétablie devant le **a** du suffixe : **i-u** *dire* > **iw-aseru** *faire dire*.

Pour les verbes irréguliers :
– le factitif des verbes **suru** et **iku** se forme comme celui des verbes multibases, sur les radicaux **s-** et **ik-** : **suru** *faire* > **s-aseru** *faire faire*, **iku** *aller* > **ik-aseru** *faire aller*.
– le factitif du verbe **kuru** se forme comme celui des verbes unibases, sur sa base **ko-** (cf § 17) : **kuru** *venir* > **ko-saseru** *faire venir*.

264 | Verbes dérivés à valeur passive
Le terme « passive » doit être pris au sens le plus large :

la valeur passive peut s'appliquer à tout procès dès lors que le locuteur ou l'actant n'en est pas l'initiateur : d'une action subie de la part d'un tiers, jusqu'à un sentiment ou une sensation qui s'impose.

Pour les verbes unibases, le passif se forme par l'adjonction au radical en **-i** ou **-e** d'un suffixe **-rareru** :
tateru *construire* > **tate-rareru** *être construit*

Pour les verbes multibases, il se forme par l'adjonction au radical (terminé par une consonne) d'un suffixe **-areru** :
kaku *écrire, dessiner* > **kak-areru** *être écrit*, **i-u** *dire* > **iw-areru** *être dit*

Pour les verbes irréguliers :
– le passif de **iku** et de **suru** se forme comme celui des verbes multibases, sur les radicaux **ik-** et **s-** > **ik-areru**, **s-areru**.
– le passif de **kuru** se forme comme celui des verbes unibases, sur sa base ko- (cf § 17) > **ko-rareru**

265 | Emplois du passif

• Le passif permet d'exprimer une action dont l'actant n'est pas connu ou est indéterminé.
i-u *dire* > **iw-areru** (litt. : *être dit* = *on dit*), **omo-u** *penser* > **omow-areru** (litt. : *être pensé* = *on pense*)

Exemples › **kono otera wa meiji jidai ni tateraremashita**
ce temple Meiji époque a-été-construit
Ce temple a été édifié à l'époque de Meiji.
(**tate-ru** *bâtir* > **tate-rareru** *être bâti*)

takusan no furansu bungaku ga nihongo ni
beaucoup France littérature langue-japonaise
yaku-sarete imasu
sont-traduits
Un grand nombre d'ouvrages littéraires français sont traduits en japonais.
(**yaku-suru** *traduire* > **yaku-s-areru** *être traduit*)

koji wa obasan no ie ni azukerareta
orphelin tante maison ont-été-confiés
Les orphelins furent confiés à leur tante.
(**azuke-ru** *confier* > **azuke-rareru** *être confié*)

ryôchi o utsusaremashita

terres ont-été-transférées

Il s'est vu confisquer ses terres.

(**utsus-u** *tranférer* > **utsus-areru** *se voir confisquer*)

• Quand l'actant (personne ou objet) est connu et exprimé, le mot qui le désigne est suivi de **ni** ou de **kara**.

Exemples › **michiko-chan wa sensei ni/kara tsuyoku shikarareta**

Michiko professeur fortement a-été-grondée

Michiko a été grondée vivement par le professeur.

(**shikar-u** *gronder* > **shikar-areru** *être grondé*)

inu wa mukashi kara ningen ni kawarete imasu

chien jadis espèce-humaine est-élévé

Le chien est domestiqué par l'homme depuis longtemps.

(**ka-u** *élever un animal* > **kaw-areru** *être élevé*)

sono kotoba ni ugokasaremashita

ces paroles j'ai-été-ému

J'ai été ému par ces paroles.

(**ugokas-u** *émouvoir* > **ugokas-areru** *être ému*)

tomodachi kara warawaremashita

ami j'ai-été-l'objet-des-rires

J'ai été la risée de mes amis.

(**wara-u** *rire* > **waraw-areru** *être l'objet des rires*)

L'actant peut aussi être suivi de l'ensemble **ni yotte** (cf § 338).

• Le verbe dérivé à valeur passive peut être utilisé pour indiquer que le locuteur subit un procès contre sa volonté. Il s'agit souvent d'un procès qui lui cause une émotion ou un désagrément.

Exemples › **ima made no kurai jiken ga tsugi tsugi to omoidasareta**

maintenant sont-sombres événements un par un il-subissait-le-souvenir

Les sombres événements passés lui revenaient un par un en mémoire.

(**omoidas-u** *se souvenir* > **omoidas-areru** *voir affluer des souvenirs)*

tsuma ni wa ni-ka-getsu mae ni shinaremashita

épouse deux-mois avant j'ai-subi-la-perte

J'ai perdu ma femme il y a deux mois.

(**shin-u** *mourir* > **shin-areru** *subir la perte de*)

mayonaka ni tomodachi ni korareta

pleine-nuit ami j'ai-subi-la-venue

Mon ami a débarqué en pleine nuit.

(**kuru** *venir* > **ko-rareru** *subir la venue non désirée de quelqu'un)*

• Le verbe passif peut être utilisé aussi comme marque de déférence. Il perd alors sa valeur passive.

Exemple › **korekara sensei wa doko ni ikaremasu ka**

désormais professeur où vous-allez

Où vous rendez-vous maintenant, professeur ?

266 | Récapitulation et remarques

Verbes réguliers

	verbes unibases ex : **tabe-ru**	verbes multibases ex : **kak-u**	verbes voyelle + **-u** ex : **i-u**
potentiel	**tabe-rareru**	**kak-eru**	**i-eru**
factitif	**tabe-saseru**	**kak-aseru**	**iw-aseru**
passif	**tabe-rareru**	**kak-areru**	**iw-areru**

Verbes irréguliers

	suru	**iku**	**kuru**	**aru**
potentiel	**dekiru**	**ik-eru** **ik-areru**	**ko-rareru**	**ari-eru**
factitif	**s-aseru**	**ik-aseru**	**ko-saseru**	pas de verbes dérivés
passif	**s-areru**	**ik-areru**	**ko-rareru**	

On remarque que les formes des verbes à valeur potentielle et des verbes à valeur passive sont les mêmes dans le cas des verbes unibases et de **kuru**. En contexte, la confusion n'est pas possible, car l'orientation de l'action n'est pas la même, et donc la construction diffère.

• valeur potentielle :

Exemple › **sonna kusai kudamono o/ga taberarerenai yo**

un-tel est-puant fruit je-ne-peux-pas-manger

Je ne peux pas manger un fruit qui empeste autant !

• valeur passive :

Exemple › **akazukin no obaasan wa ookami ni taberaremashita**

chaperon-rouge grand-mère loup a-été-mangée

La grand-mère du Petit chaperon rouge a été dévorée par le loup.

Il est à noter que très souvent cette forme cumule les valeurs passives et potentielles.

• valeur potentielle simple :

Exemple › **gaikokujin wa sô kantan ni kanji ga/o oboeraremasen**

étranger ainsi facilement kanji ne-peuvent-mémoriser

Les étrangers ne peuvent pas se rappeler si facilement des kanji.

• double valeur passive / potentielle :

Exemple › **sonna nagai shi wa kantan ni oboeraremasen**

un-tel est-long poème facilement ne-peut-pas-être-mémorisé

Un poème aussi long ne peut pas être appris facilement.

Sec. 6 ›

L'EXPRESSION DE LA DEMANDE

267 | Lorsque la demande porte sur un objet, elle se fait par l'expression du nom de l'objet, avec trois possibilités qu'on peut considérer comme trois degrés.

• degré moins : la formule la plus simple, mais réservée exclusivement à l'usage intime ou à des situations professionnelles où la brièveté est nécessaire, consiste à citer uniquement le nom de l'objet.
shinbun ! [d'un mari à sa femme]
[passe-moi] Le journal !

• degré moyen : l'usage le plus courant est de faire suivre le nom de l'objet de la particule **o** et d'une forme du verbe **kudasaru** (cf § et 23, 24, 249) me donner : **kudasai** (litt. : *donnez-moi*). Dans le cas d'une situation de relative familiarité, la particule **o** pourra être élidée.

Exemple › **kono zasshi o kudasai**

cette revue donne(z)-moi

Passe(z)-moi cette revue s'il te (vous) plaît.

• degré plus : le nom de l'objet est suivi de la particule **o** et de la forme degré plus (*je/nous*) (cf § 25) du verbe **negau** demander : **o-negai shimasu** (litt. : *je vous fais la demande*).

Exemple › **kono zasshi o o-negai shimasu**

cette revue je-vous-fais-la-demande

Veuillez me passer cette revue, s'il-vous-plaît.

À noter cette expression **o-negai shimasu** a un emploi autonome pour conclure un échange où il y a eu demande ou proposition d'un service = *Je m'en remets à vous*. Elle est souvent précédée de l'adverbe **yoroshiku** : **yoroshiku o-negai shimasu** *Je m'en remets à vous pour le mieux*.

268 | Si la demande porte sur un acte, on retrouve cette même différence de degrés. La demande peut s'adresser à soi-même (ou au groupe formé par soi-même et d'autres personnes) ou bien s'adresser à autrui. Les structures utilisées seront différentes.

269 | Demande adressée à soi-même ou au groupe formé par soi-même et d'autres personnes

Il s'agit d'une invite. C'est la valeur de la forme en **-ô/-mashô** (cf § 12 et 13).

Exemples › **bakansu ni tahichi ni ikô ka naa**

vacances Tahiti allons

Si j'allais à Tahiti pour les vacances !

bakansu ni issho ni tahichi ni ikimashô yo

vacances ensemble Tahiti allons

Pour les vacances, partons ensemble à Tahiti.

270 | Demande adressée à autrui

a) Degré moins

Il s'agit d'un ordre plutôt brutal.

– pour les verbes unibases, il existe une forme : base + **-ro** : **miru** *regarder* > **miro** *regarde*

– pour les verbes multibases, il existe une forme en **-e**, utilisée uniquement dans ce cas : **yomu** *lire* > **yome** *lis*.

Cette forme, exclue du langage féminin, ne peut s'employer que dans une situation de grande familiarité.

Exemple › **omae ga ike**

toi va

Vas-y, toi !

Elle est la forme des commandements militaires ou des devises.

ki o tsuke *Garde à vous* (litt. : *faites attention*).

yasume *Repos !*

Exemple › **erai hito ni nare**

être-bien être-humain deviens

[il faut] Devenir quelqu'un de bien.

On notera le cas très particulier de l'utilisation paradoxale de cette forme avec un verbe de degré plus (*vous*) : **irrashai/ irasshaimase** qui est la formule d'accueil dans tout commerce (litt. *venez*).

Pour le verbe **kuru** la forme est **koi**.

Exemple › **kocchi ni koi**

par-ici viens

Amène-toi par ici !

Pour le verbe **suru**, la forme est **shiro**.

Exemple › **shizuka ni shiro** *Silence !* (litt. : *agissons calmement*)

Mais il existe une forme ancienne **seyo** qu'on trouve dans des devises ou des formules figées.

Exemple › **yoi koto o seyo**

être-bien chose faisons

[il faut] Toujours bien agir.

(à noter aussi la forme ancienne **yoi** pour **ii**)

Précédé de **ni, shiro** et **seyo** sont devenus en langue écrite des formules figées qui expriment :

- soit l'alternative, et dans ce cas **shiro** ou **seyo** sont répétés :

Exemples › **ryokô ni iku ni seyo, ikanai ni seyo, hayaku kimete kudasai**

voyage vous-allez soit-que vous-n'allez-pas soit-que vite décidez

Vous partez en voyage ou vous ne partez pas en voyage, décidez-vous vite.

shônen ni shiro, seijin ni shiro, sonna warui koto wa

jeune soit-que adulte soit-que de-telles sont-mauvaises choses

yurusarenai

ne-peuvent-être-admises

Qu'il s'agisse des jeunes ou des adultes, de tels comportements ne sont pas admissibles.

• soit l'indétermination

Exemples › **donna riyû ga aru ni seyo/ni shiro, sonna furumai wa**
quelle-sorte raison existe faisons une-telle conduite
yurusarenai
je-ne-peux-admettre
Quelle qu'en soit la raison, je ne peux accepter une telle conduite.

b) Degré moyen

• utilisé dans la vie quotidienne, entre familiers : base des verbes unibases/base en **-i** des verbes multibases + **nasai**, du verbe **nasaru** degré plus (*vous*) de **suru** (cf § 23, 24).

Exemple › **motto teinei ni kaki nasai**
plus proprement écris
Tâche d'écrire plus proprement !

C'est cette forme qu'on trouve, précédée du préfixe **o-** dans la formule servant à se souhaiter bonne nuit en famille ou entre amis : **o-yasumi nasai** *Dors bien/Dormez bien*.

• mais la formule standard, la plus usitée est : forme en **-te** + **kudasai** (litt. : *faites pour moi*)

Exemple › **mado o akete kudasai**
fenêtre ouvrez-pour-moi
Ouvrez la fenêtre s'il vous plaît !

Dans une situation de familiarité **kudasai** pourra être élidé, il restera seulement le verbe à la forme en **-te**.

Exemple › **chotto matte ne**
un-peu attends
Attends-moi un peu !

c) Degré plus

• une formule : **o** (cf § 25) + base des verbes unibases/base en **-i** des verbes multibases + **kudasai** peut s'employer pour marquer la déférence, par exemple lors d'une annonce à un public :

Exemple › **anzen no tame shîtoberuti o o-shime kudasai**
sécurité pour ceinture veuillez-attacher
Pour votre sécurité, veuillez attacher vos ceintures.

271 | La demande peut être négative

• Il s'agit d'une interdiction brutale. On utilise la forme en **-u** degré moins suivie d'une particule **na**.

Exemple › **baka na koto iu na**

sont-bêtes choses ne-dis-pas

Arrête de dire des bêtises !

• Dans un cadre familier, on utilise la forme négative degré moins en **-nai** suivie d'un suffixe **-de**, et de la forme **kure** du verbe **kureru** (cf § 249).

Exemple › **otôsan ni iwanaide kure**

notre-père ne-dis-pas

Ne le dis pas à papa.

• Dans les autres cas, on utilise la forme négative degré moins en **-nai** suivie d'un suffixe **-de**, et de la forme **kudasai** du verbe **kudasaru** (cf § 249) : **wasureru** *oublier* > **wasurenaide kudasai** *N'oublie pas/n'oubliez pas.*

Exemple › **pasupôto o wasurenaide kudasai**

passeport n'oubliez pas

N'oubliez pas votre passeport !

Sec. 7 › L'EXPRESSION DE LA DEMANDE D'AUTORISATION ET DE L'ACCORD OU DÉSACCORD

272 | L'expression d'une demande d'autorisation se fait en ajoutant la particule **mo** à la forme en **-te** d'un verbe et en faisant suivre l'ensemble de **ii desu ka** (litt. : *même si je fais...est-ce que c'est bien ?*).

Exemples › **tabako o sutte mo ii desu ka**

cigarettes même-si-je-fume c'est-bien

Est-ce que je peux fumer ?

ichido de harawanakute mo ii desu ka

une-fois même-si-je-paie c'est-bien

Est-ce je peux ne pas payer en une seule fois ?

kono kurabu no menbâ de nakute mo ii desu ka

ce club membre même-si-on-n'est-pas c'est-bien

Est-ce possible même si on n'est pas membre de ce club ?

273 | L'expression de l'accord se fait de la même façon en utilisant la phrase affirmative :

Exemples › **hai, tabako o sutte mo ii desu**
Oui, vous pouvez fumer.
hai, ichido de harawanakute mo ii desu
Oui, vous pouvez ne pas payer en une seule fois.

274 | Le désaccord s'exprime en ajoutant la particule **wa** à la forme en -**te** du verbe, l'ensemble étant suivi de **ikenai/ikemasen** ou **dame da/desu** (litt. : *c'est impensable*).

Exemples › **iie, tabako o sutte wa ikemasen/dame desu**
Non, vous ne pouvez pas fumer/c'est interdit de fumer.
iie, kono kurabu no menbâ de nakute wa dame desu
Non, c'est impossible si vous n'êtes pas membre du club.

Sec. 8 ›

L'EXPRESSION DE L'OBLIGATION

275 | Expression de l'obligation
Elle se fait par une formule complexe de double négation, signifiant littéralement *si on ne (fait) pas, cela ne donne rien/cela ne va pas/c'est condamnable*, donc : *il faut, je dois, on doit*.

La base de cette formule, la première négation, est le verbe suivi :
– soit du suffixe de négation **-nai** à une forme **-nakereba** servant à exprimer l'hypothèse (cf § 371) *si... ne pas*.
– soit du suffixe **-nai** à la forme en **-te** (cf § 78) suivi de **wa** : **-nakute wa**.
– soit du suffixe de négation **-nai** suivi de **to** servant à exprimer la concomittance (cf § 378).

Pour la seconde négation, Il y a deux possibilités selon le type d'obligation.
• si la contrainte est extérieure, due aux circonstances, on emploie le verbe **naru** à la forme négative : **naranai/narimasen** > **-nakereba/-nakute wa naranai/narimasen**.

Exemples › **ashita isha ni ikanakereba narimasen**
demain médecin si-je-ne-vais-pas ça-ne-donne-rien
Je dois aller chez le médecin demain.

kono shorui o tsukawanakute wa naranai

cet imprimé si-on-n'utilise-pas ça-ne-donne-rien

Il faut utiliser cet imprimé.

• si la contrainte est morale, on emploie le verbe **ikeru**, dérivé potentiel de **iku** (cf § 261), à sa forme négative : **ikenai/ikemasen** > **-nakereba/-nakute wa ikenai/ikemasen**.

Exemple › **o-toshiyori o sonkei-shinakereba/shinakute wa ikemasen**

personnes-âgées respect si-on-ne-fait-pas ça-ne-peut-pas-aller

Il faut respecter les personnes âgées.

L'ensemble peut être mis au passé, en utilisant les formes passées de la seconde négation :
naranai > **naranakatta, narimasen** > **narimasen deshita** ou **ikenai** > **ikenakatta, ikemasen** > **ikemasen deshita**

Exemple › **sensô no toki hôgeki no tame yoku chika no hinanjo ni**

guerre temps bombardements à-cause-de souvent sous-terre

hinan shinakereba naranakatta

abris si-on-ne-se-réfugiait-pas ça-ne-donnait-rien

Pendant la guerre, à cause des bombardements il fallait souvent se réfugier dans les abris souterrains.

Le second verbe peut être remplacé par l'adjectif **dame da/desu** c'est condamnable.

Exemple › **shokuji no mae ni te o arawanakereba dame desu**

repas avant main si-tu-ne-laves-pas c'est condamnable

Il faut vous laver les mains avant les repas.

La formule qui utilise **-nai to** relève plutôt du style écrit ou de formules à portée générale.

Exemple › **piano wa mainichi renshû shinai to dame da**

piano chaque-jour exercice si-tu-ne-fais-pas c'est-condamnable

Il faut étudier son piano tous les jours.

276 | L'obligation peut être négative

Il ne faut pas : le verbe à la forme en **-te** suivi de **wa**, est combiné avec les formes de **naru** ou **iku** comme précédemment, ou de **dame da/desu**.

Exemple › **hoka no kodomo to kenka o shite wa ikemasen**

autres enfants dispute si-on-fait ça-ne-va-pas

(shite wa dame desu)

si-on-fait c'est-condamnable

Il ne faut pas se disputer avec les autres enfants.

Sec. 9 ›

L'EXPRESSION DE LA VOLONTÉ

277 | L'expression de la volonté se fait par l'adjonction d'un suffixe **-tai**, dans les mêmes conditions que le suffixe **-masu** (cf § 12 et 13) :

Exemple › **ichido ano kirei na niji o watatte mitai naa**

une-fois ce est-beau arc-en-ciel je-veux-essayer-de-traverser

Comme je veux essayer une fois de traverser ce bel arc-en-ciel !

Mais cette forme en **-tai** est rarement employée seule, car trop abrupte : *je veux*, elle est souvent tempérée par l'adjonction de **to omoimasu/to omotte imasu** (litt. : *je pense que*), l'ensemble équivalant à *je voudrais* :

Exemples › **watashi no niwa de tomato o tsukuritai to omoimasu**

moi jardin tomates je veux-cultiver je-pense

Je voudrais cultiver des tomates dans mon jardin.

shôrai wa seijika ni naritai to omotte imasu

avenir politicien je-veux-devenir je-pense

Dans l'avenir, je souhaite faire carrière en politique.

Le suffixe **-tai** étant morphologiquement un adjectif, sa variation sera celle des adjectifs en **-i** (cf § 76 à 80).

Exemples › **sonna baka na hanashi o kikitakunai yo**

un-tel sont-imbéciles paroles je-ne-veux-pas-écouter

Je ne veux pas écouter des propos aussi stupides.

kodomo no toki shôbôshi ni naritakatta desu

enfant temps pompier je-voulais-devenir

Quand j'étais petit je voulais devenir pompier.

278 | Cependant, la forme en **-tai** ne peut être utilisée que pour exprimer la volonté du locuteur. Il n'est pas possible d'exprimer directement la volonté d'un tiers.

Il y a deux possibilités :

• employer une périphrase du type : **...tai to itte imasu** (litt. : *il dit : je veux...*)

Exemple › **musume wa gaikoku ni ryûgaku-shitai to itte imasu**
ma-fille étranger étude-à-l'étranger je-veux-faire elle-dit
Ma fille (dit qu'elle) veut aller étudier à l'étranger.

• utiliser à la place du suffixe **-tai** un autre suffixe **-tagaru**, *il veut...* réservé à l'expression de la volonté d'autrui. Ce suffixe est de nature verbale, il varie comme les verbes multibases, mais il est d'un emploi plutôt rare.

Exemples › **kono kaisha ni yatowaretagatte iru hito ga takusan imasu**
cette entreprise veulent-être-embauchés êtres-humains beaucoup existent
Des gens qui veulent être embauchés dans cette société, il y en autant qu'on veut.

saitô-san wa daigaku de hôritsu o benkyô-shitagatte imasu
Saitô université le-Droit étude il veut faire
SAITÔ voudrait étudier le Droit à l'université.

Sec. 10 ›

LA CITATION

279 | Qu'il s'agisse d'exprimer le contenu d'un acte de parole ou d'un acte de pensée, la construction de base est la même. C'est une particule **to** qui relie l'expression des paroles ou de la pensée au verbe signifiant *dire* ou *penser*.

Les verbes commandant une citation sont les verbes de parole : **iu** *dire*, **kotaeru** *répondre*, **kiku** *demander...*, ou les verbes exprimant une pensée : **omou** *penser*, **kangaeru** *penser/réfléchir*, **kimeru/kesshin-suru** *décider*, **kanjiru** *ressentir...*

On distingue la citation directe et la citation indirecte.

280 | Citation directe
Les paroles sont citées telles qu'elles ont été prononcées ou pensées. Cela peut aller d'un seul mot, une interjection, par exemple, à un ensemble de phrases. Dans un texte écrit, les paroles ainsi rapportées seront mises entre des crochets 「」 – l'équivalent japonais des guillemets.

Exemples › **minna wa ookii koe de « ooi » to yobimashita**

tous est-grande voix « ooi » ont-appelé

Tous ont appelé d'une voix forte : « ooï ! »

« koitsu wa nanimo shiranai na » to omoimashita

lui rien ne-sait-pas j'ai pensé

Je me suis dit : « il n'y connaît rien celui-là. »

« tôtô nihon ni kita yo. zutto mukashi kara ikitakatta n desu » to omoimashita

enfin Japon je-suis-venu. très jadis je-voulais-aller j'ai pensé

« Me voilà enfin au Japon. Cela fait si longtemps que je voulais y aller », ai-je pensé.

« waa, sugoi. rippa na fune o tsukutta naa » to otôsan wa bikkuri-shimashita

ouah est-extra est-beau bâteau tu-as-fabriqué papa s'étonna

« Ouah ! Super ! Quel beau bateau tu as fait ! », s'étonna papa.

281 | Citation indirecte : elle diffère du cas précédent par une contrainte sur la forme du verbe, de l'adjectif ou de l'actualisateur qui précède le **to**. Ils doivent impérativement être à une forme de degré moins.

Exemples › **marutan-san wa nihon-ryôri ga daisuki da to iimashita**

Martin cuisine-japonaise est-adorée il-a-dit

Martin a dit qu'il adorait la cuisine japonaise.

tabako o yameru to kesshin-shimashita

cigarettes je-cesse décision il-a-fait

Il a décidé d'arrêter de fumer.

gakkô o tsukurô to keikaku-shita

école fabriquons projet il-a-fait

Il projeta de fonder une école.

La citation indirecte peut être interrogative :

watashi mo tabako o yameru koto ga dekinai ka to omoimashita

moi cigarettes cesser le-fait-de n'est-pas-possible j'ai pensé

Je me suis demandé si je ne serais pas capable moi aussi d'arrêter de fumer.

282 | Dans le langage familier on emploie une abréviation **-tte** équivalent à **to itte iru/ita** *il(s)/elle(s) a (ont) dit ...*, qui peut suivre aussi bien une citation directe qu'indirecte.

Exemple › **akira-kun wa maiban yonaka made video gêmu suru n datte**

Akira chaque-soir minuit jeux-vidéo il-fait il-dit

Akira raconte qu'il fait des jeux-vidéo tous les soirs jusqu'à minuit.

283 | Cas du verbe **iu**

Le verbe **iu** *dire* signifie aussi *se dire, s'appeler*. Dans cet emploi, il est précédé en général d'un nom seul. Mais c'est toujours la particule **to** qui sert de lien :

Exemples › **misato to iimasu**

Misato je-m'appelle

Je m'appelle Misato.

watashi no ichiban suki na resutoran wa « re troa burô »

moi le plus est-aimé restaurant les-trois-bouleaux

to iimasu

s'appelle

Mon restaurant préféré s'appelle « Les Trois Bouleaux ».

284 | Cas du verbe **suru**

Le verbe suru dont le sens premier est *faire* peut aussi s'employer comme un verbe de citation, précédé donc de la particule **to**, avec le sens de *faire le projet de*. Dans ce cas, la proposition qui précède la particule se termine par une forme en **-ô/-yô** au degré moins.

umibe ni bessô o tateyô to shimashita

bord-de-mer villa construisons j'ai-fait-le-projet

J'ai projeté de me faire construire une villa en bord de mer.

PARTIE 3

DÉTERMINATION ET NOMINALISATION

Chap. 1 › LA DÉTERMINATION

285 | La portée de tout nom peut être précisée par un élément. C'est ce qu'on appelle la détermination.

On désigne le nom-support par le terme de « déterminé » et l'élément qui vient le préciser par le terme de « déterminant ».

Outre la détermination par nom + **no** (cf § 133 à 141), tout nom peut recevoir d'autres sortes de déterminants :
– un mot interrogatif (cf § 160 à 162) ou démonstratif (cf § 174 à 178) équivalent de nom ou d'adjectif.
– une proposition :
à noyau verbe (verbe seul, ou avec compléments)
à noyau [nom + actualisateur]
à noyau adjectif (adjectif seul ou avec compléments).

Dans tous les cas, les possibilités de contenu de la relation entre le nom et le déterminant sont très variées.

286 | Une première règle qui ne souffre aucune exception : quelle qu'en soit la forme l'élément déterminant se place avant le nom déterminé.

287 | Quand le déterminant est une proposition, quelle que soit sa forme, il y a deux autres règles :

– Si le déterminant se termine par un mot variable : verbe, adjectif, actualisateur, celui ci est toujours au degré moins (la seule exception possible relève de textes d'un extrême degré d'expression de respect).
– On ne peut pas employer la particule **wa** dans sa fonction de pointage fort (cf § 51) dans une proposition en fonction de détermination.

288 | Le déterminant est une proposition à noyau verbe.

• il peut s'agir d'un verbe seul.

Exemples › **tomatta hoteru wa dô deshita ka**

tu-as-séjourné hôtel comment c'était

Comment était l'hôtel OÙ vous êtes descendus ?

kangaeta koto ka kanjita koto o hakkiri to

nous-avons–pensé choses nous-avons-senti choses clairement

happyô-shimashô

exposé faisons

Exposons clairement ce QUE nous avons pensé ou ce QUE nous avons ressenti.

• il peut s'agir d'une proposition : le verbe accompagné de compléments et/ou d'un adverbe. C'est le cas le plus fréquent :

Exemples › **sensei wa kaban no naka kara kinô katta hon o**

professeur cartable intérieur hier il-a-acheté livres

dashimashita

il-a-sorti

Le professeur a sorti de son sac les livres QU'il avait achetés hier.

raitâ wa hi o tsukeru dôgu desu

briquet feu mettre instrument c'est

Un briquet est un instrument QUI sert à allumer du feu.

watashi ga mainichi benkyô-suru heya o misemashô

moi chaque-jour étude je-fais pièce montrons

Je vais vous montrer la pièce OÙ j'étudie tous les jours.

sora kara ochiru yume o mita

ciel je-tombe rêve j'ai-vu

J'ai fait un rêve DANS LEQUEL je tombais du ciel.

kono shôkêsu ni sono yûmei na sakka ga sakuhin o

cette vitrine ce est-célèbre écrivain œuvres

kaita pen ga chinretsu -sarete imasu

il-a-écrit stylos exposition est-faite

Dans cette vitrine sont exposés les stylos AVEC LESQUELS le célèbre auteur a écrit ses œuvres.

289 | Certaines formes verbales se sont figées en emploi déterminant :

– le verbe **aru**, au sens de *un/une/de certain(s)* : **aru hi** *un certain jour*, **aru daigaku no sensei** *un certain professeur d'université*, **aru toki** *un certain moment*.

– une forme particulière dérivée du verbe **iu** : **iwayuru** *ce qu'on appelle* : **iwayuru gakusha** *ce qu'on appelle un savant*, **iwayuru romanchikku na hito** *quelqu'un de ce qu'on appelle romantique.*

290 | Il est à noter que lorsqu'un verbe de degré plus (cf § 21 à 25) sert de noyau à une proposition déterminante, sa forme doit être une forme de degré moins.

Exemple › **shujin wa shachô kara itadaiTA uisuki o zenbu**

mon-mari patron il-a-reçu whisky tout

nonde shimaimashita

il-a-bu-jusqu'au-bout

Mon mari a déjà bu tout le whisky qu'il a reçu de son patron.

291 | Le déterminant est une proposition à noyau [nom + actualisateur]. C'est obligatoirement le doublet **de aru** qui est utilisé (cf § 68) s'il s'agit d'une forme en **-u**. Dans le cas d'une forme en **-ta**, il y a deux possibilités : soit **datta**, soit le doublet **de atta**.

Exemples › **nihon no shuto de aru tôkyô no jinkô wa san-zen man**

Japon capitale est Tôkyô population trente-millions

nin ijô ni narimasu

personnes plus-de devient

La population de Tôkyô, qui est la capitale du Japon, dépasse les trente millions d'habitants.

nagai aida watashi no daigaku no dôryô de atta/datta

est-long intervalle moi université collègue était

nishimura-san wa ima burajiru no daigaku

Nishimura maintenant Brésil université

de hataraite imasu

il-travaille

NISHIMURA, qui a été longtemps mon collègue à l'université, enseigne maintenant dans une université au Brésil.

292 | Le déterminant est une proposition à noyau adjectif.

• il peut s'agir d'un adjectif seul :

Exemples › **ii o-tenki ga tsuzukimasu ne**

est-bien temps se-poursuit

Le beau temps se maintient !

kirei na <u>ogawa</u> ga miete kimashita

est-beau ruisseau est-devenu-visible

On aperçut un <u>ruisseau</u> ravissant.

Exemple › **kanashikatta <u>ichinichi</u> o sakubun ni kaite kudasai**

était-triste journée rédaction écrivez

Décrivez <u>une journée</u> où vous avez été triste.

• il peut s'agir d'une proposition :

Exemples › **dôbutsu ga suki na <u>kodomo</u> ga takusan imasu**

animal est-aimé enfants beaucoup existent

Il y a beaucoup d'<u>enfants</u> qui aiment les animaux.

ichinenjû tenki ga ii <u>kuni</u> ni sumitai naa

toute-l'année temps est-bien pays je-veux-vivre

Comme j'aimerais vivre dans un <u>pays</u> où il fait beau toute l'année !

Quand l'adjectif est un adjectif invariable, toujours utilisé avec une forme de **da/desu**, c'est la forme **na** (cf § 70) qui doit être utilisée.

293 | Dans le cas des propositions déterminantes à noyau verbe ou adjectif ne comportant que peu d'éléments (le noyau et un ou deux compléments), <u>si l'un des compléments devrait être relié au noyau par **ga**, cette particule peut être remplacée par une autre particule : **no**</u>, trace de l'usage ancien.

Exemples › **mura no hitotachi wa shônen NO iu <u>koto</u> o uso da to omotta**

village gens jeune-homme il-dit choses mensonge c'est ont-pensé

Les gens du village ont pensé que ce que disait le jeune homme était un mensonge.

bannin NO inai fumikiri desu

gardien ne-se-trouve-pas passage-à-niveau c'est

C'est un passage à niveau non gardé.

(litt. : *où un gardien ne se trouve pas*)

aki wa ichinenjû de ichiban tsuki NO utsukushii kisetsu desu

automne toute-l'année le-plus la-lune est-belle saison c'est

L'automne est la saison de l'année où la lune est la plus belle.

294 | <u>Un même nom peut recevoir plusieurs déterminants</u>. Quelques exemples :

deux adjectifs

Exemple › **doko made mo aoi utsukushii sora ga tsuzuite imashita**

jusque-n'importe-où est-bleu est-beau ciel continuait

À perte de vue s'étendait un superbe ciel bleu.

un adjectif et un verbe

Exemple › **nantomo akaruku, sumiwatatta aki no hi deshita**

combien ! est-lumineux est-transparent automne jour c'était

Quel jour d'automne lumineux et transparent c'était !

une proposition et un adjectif

Exemple › **neesan, wa, kami ni tsutsunda chiisa na mono o jûji ni**

sœur-aînée papier est-enveloppé est-petit objet Jûji

kuremashita

lui-a-donné

Sa sœur aînée a donné à Jûji un petit objet enveloppé dans du papier.

une proposition et un nom + **no**

Exemple › **ami de makikonda iwashi no mure o fune ni hikiagemasu**

filets se-sont-engouffrées sardines bancs bâteau on-hisse

On hisse dans le bateau les bancs de sardines qui se sont engouffrés dans les filets.

une proposition, un nom (ou équivalent) + **no**, un adjectif

Exemple › **jikan no keika wa monogoto o wasuresaseru hitotsu**

temps écoulement choses font-oublier une

no ooki na gen.in desu

est-grand cause c'est

Le passage du temps est une des grandes causes qui provoquent l'oubli.

295 | Tout nom appartenant à une proposition déterminante peut recevoir lui aussi un déterminant.

Exemples › **bijutsukan no zentei ni wa, samazama na ugoki o shita jinbutsu no chôkoku ga narande imasu**

Dans le jardin du musée sont présentées des statues de personnages faisant toutes sortes de mouvements.

samazama na ugoki

toutes sortes de mouvements

samazama na ugoki o shita

qui font toutes sortes de mouvements

samazama na ugoki o shita jinbutsu
des personnages qui font toutes sortes de mouvements
samazama na ugoki o shita jinbutsu no chôkoku
des statues de personnages qui font toutes sortes de mouvements

296 | Pour des noms exprimant un acte de parole ou de pensée, quand le déterminant exprime non pas une qualification mais le contenu de cette pensée, il est relié au nom par **to iu**. Il s'agit de noms comme **hanashi** *histoire*, **kangae** *pensée*, **utagai** *doute*...

Exemples › **watashi ni wa, niku o taberu to iu kangae wa fuyukai desu**
moi viande je-mange pensée est-insupportable
Pour moi, l'idée de manger de la viande est insupportable.
kimi ga tasukete kureru to iu jôken de yarimasu
toi tu-m'aides condition je-ferai
Je le ferai, à condition que tu m'aides.

Comparer avec :

Exemple › **taihen kibishii jôken desu**
très sont-sévères conditions ce sont
Ce sont des conditions vraiment dures.

297 | C'est le mécanisme de détermination qui est employé dans le cas de certains noms entrant dans des formules figées

298 | Cas de **hô**

Le sens premier de ce terme est *direction, côté*. Il entre dans l'expression du comparatif : nom + **no hô** (cf § 89). Précédé de la forme en **-ta** d'un verbe, il permet d'exprimer la préférence pour une action : *il vaudrait mieux...* (litt. : *du côté de... ce serait bien*), par exemple dans la formule **-ta hô ga ii/ii desu**.

Exemple › **hayaku byô.in ni itta hô ga ii desu**
vite hôpital on-est-allé côté est-bien
Il vaudrait mieux que vous alliez vite à l'hôpital.

299 | Cas de **hodo**

Ce terme signifie *degré*. Précédé d'une proposition à noyau verbe, il signifie *à tel point que, si... que*.

Exemple › **<u>jibun de mo odoroku</u> hodo sono uta o hayaku**

soi-même suis-étonné degré cette chanson vite

oboemashita

j'ai-retenu

J'ai appris cette chanson si vite que j'en ai été moi-même surpris.

Précédé d'une proposition à noyau adjectif, il permet d'exprimer la corrélation : *plus... plus...*

Exemple › **jishaku no mawari de wa, <u>kyoku ni chikai</u> hodo,**

aimant environ pôles est-proche degré

tsuyoi chikara ga hataraite imasu

est-fort force travaille

Autour de l'aimant, plus on s'approche des pôles, plus la force [d'attraction] est grande.

300 | <u>Cas de **tokoro**</u>

Ce terme désigne un point dans le temps *moment précis* ou l'espace *lieu, endroit précis*. Précédé d'une proposition déterminante terminée par une forme en **-u**, il permet d'exprimer un futur immédiat. Précédé d'une proposition déterminante terminée par une forme en **-ta**, il permet d'exprimer un passé immédiat. Précédé d'une forme en **-te iru**, il permet d'indiquer le moment présent de façon plus précise.

Exemples › **chôdo ima shokuji o suru <u>tokoro</u> desu**

juste maintenant repas je-fais moment c'est

Je m'apprête à déjeuner.

shokuji o shita <u>tokoro</u> desu

repas j'ai-fait moment c'est

Je viens juste de déjeuner.

ima shokuji o shite iru <u>tokoro</u> desu

maintenant repas je-suis-en-train-de-faire moment c'est

Je suis justement en train de déjeuner.

Quand il s'agit d'un procès situé dans le passé, la formule **-ta tokoro** peut correspondre à un futur envisagé par rapport à un moment du passé.

Exemple › **dekakeyô to shita <u>tokoro</u> ni denwa ga kakatte kita**

sortons j'ai-décidé moment téléphone a-fonctionné

Au moment où je m'apprêtais à sortir, le téléphone a sonné.

301 | Cas de **yô**

Ce terme signifie *forme, aspect, apparence*. Il permet d'exprimer une comparaison.

• nom + **no** + **yô** *comme, tel(le)(s) que*.

Exemples › **ohimesama no me wa emerarudo no yô deshita**

princesse yeux émeraude aspect c'était

Les yeux de la princesse étaient comme des émeraudes.

byôbu no uma no me wa, honmono no uma no me

paravent cheval yeux véritable cheval yeux

no yô ni tarô o massugu ni mitsumete ita

comme Tarô tout-droit fixaient

Les yeux du cheval sur le paravent fixaient Tarô tout droit, comme les yeux d'un vrai cheval.

• **yô** peut se trouver en fonction déterminante devant un autre nom auquel il est relié alors par **na** (cf § 221 et 292) :

Exemple › **ohimesama wa emerarudo no yô na me o shite ita**

princesse émeraude tels-que yeux faisait

La princesse avait des yeux semblables à des émeraudes.

• Étant un nom, **yô** peut être le mot support d'une proposition déterminante : proposition déterminante + **yô** : *comme si, tel que*.

Exemples › **mi no hikishimaru yô na sôchô no fun.iki ga**

corps se-resserre tel-que petit-matin atmosphère

kanjiraremasu

on-peut-sentir

On peut y ressentir l'atmosphère du petit matin qui vous saisit. (litt.: *telle que votre corps se resserre*)

shôrai wa sukoshi demo kankyô o yoku suru yô na

avenir même-un-peu environnement bien on-fait tel-que

shigoto o shitai no desu

travail je-veux-faire

Dans l'avenir je voudrais trouver un travail qui permette de rendre l'environnement un tant soit peu meilleur.

• **yô** entre dans des formules figées.

1) précédé d'un déterminant démonstratif :
– **kono/sono yô ni** : *de cette façon, ainsi.*

Exemple › **kono yô ni shite kudasai** *Faites comme ceci.*

– **kono/sono yô na** : *de tel(le)(s).*

Exemple › **kono yô na baai ni wa, yameta hô ga ii desu**

un tel cas avoir-cessé côté est-bien

Dans un tel cas, il vaut mieux tout arrêter.

2) précédé d'une proposition déterminante (cf § 288, 291, 292) suivi de **ni** et d'un verbe :

– **yô ni suru** *faire en sorte de.*

Exemples › **rôka o hashiranai yô ni shite kudasai**

couloir ne-pas-courir en-sorte-de faites

Ne courez pas dans les couloirs.

(litt. : *faites en sorte de ne pas courir dans les couloirs*)

nôka no hitotachi wa, hatake o ichinenjû yasuminaku

fermes gens champs toute-une-année sans-cesse

tsukau yô ni shite imasu

utiliser en-sorte-de font

Les paysans font en sorte d'utiliser les champs sans interruption toute l'année.

– **yô ni naru** *il devient possible de, les choses évoluent de façon que*. Dans ce cas, le verbe qui précède est souvent un verbe dérivé à valeur potentielle.

Exemple › **kagaku no shinpo de uchû made iroiro na kikai o**

science progrès univers toutes-sortes-de machines

kureru yô ni natte imasu

pouvoir-envoyer en-sorte-que devient

Grâce aux progrès de la science, il est devenu possible d'envoyer toutes sortes de machines jusque dans l'espace.

Chap. 2 ›
LA NOMINALISATION

302 | Il existe une structure permettant à une proposition, qu'elle soit à noyau verbe, adjectif ou [nom + actualisateur] d'être utilisée dans une fonction normalement réservée au nom. C'est ce qu'on appelle la nominalisation. Cette structure fait appel au mécanisme de la détermination en utilisant comme supports la particule **no**, le mot **koto**, et dans une moindre mesure le mot **mono**. Les contraintes sont celles qui s'appliquent à toute proposition déterminante (cf § 286, 287).

303 | Il faut d'abord partir de la capacité de la particule **no** à remplacer un nom dans une structure [proposition déterminante + nom] et à fonctionner lui-même comme un nom, c'est-à-dire à être suivi d'une particule de fonction. C'est toujours pour remplacer un nom qui a déjà été cité. On peut parler, au sens propre d'un emploi « pro-nominal » (= à la place d'un nom).

Exemples › **kuroi kutsu o kaimashita. akai no mo kaimashita**

sont-noires chaussures j'ai-acheté sont-rouges [chaussures] j'ai-acheté

(**no** remplace le mot **kutsu**)

J'ai acheté des chaussures noires. J'en ai acheté aussi des rouges.

sorera no kami o kurabemashô. nihon de katta no ga

ces papiers comparons. Japon j'ai-acheté [papier]

ichiban jôbu desu

le-plus est-solide

(**no** = **kami**)

Comparons ces papiers. C'est celui que j'ai acheté au Japon qui est le plus solide.

304 | Nominalisation par la particule **no.** 1er cas :
Dans une structure : [prop.dét. + **no** + **wa**.... nom (ou équivalent) + actualisateur], **no** sert à remplacer ou annoncer le nom (équivalent de nom) ou l'expression nominale qui se trouve devant l'actualisateur. C'est un prolongement de la capacité décrite au paragraphe précédent.

Exemples › **nihon de terebi no hôsô o hajimeta no wa 1953 nen de aru**

Japon télé émission on-a-commencé [année] 1953 année c'est

L'année où on a commencé à émettre de la télévision au Japon c'est 1953.

kono hanashi de omoshirokatta no wa doko desu ka

cette histoire était-drôle [passage] quel-passage c'est

Qu'est-ce qu'il y avait de drôle dans cette histoire ?
(litt. : *ce qui était drôle c'est où ?*)

Ce remplacement n'est pas forcément, comme dans les exemples ci-dessus, mot pour mot, mais **no** peut être utilisé à la place d'un mot ou d'une expression plus générale dont le sens englobe celui du mot devant **da/desu**.

Exemples › **fudan terebi o mite iru no wa ni-jikan hodo desu**

d'habitude télé je-regarde [durée] deux-heures environ c'est

Le temps que je passe d'habitude à regarder la télé est d'environ deux heures.

watashi ga kichin to nikki o kakihajimeta no wa

moi sérieusement journal j'ai-commencé à écrire [période]

kyonen no aki kara desu

an-dernier automne c'est

C'est à partir de l'automne de l'année dernière que j'ai commencé à tenir sérieusement mon journal.

305 | Dans cet emploi pro-nominal, **no** peut être remplacé par le mot **mono**, qui signifie *chose, objet*.

Exemple › **kotoba wa dondon kawaru mono mo aru no desu**

mots grande-quantité changent [mots] existent c'est-que

C'est qu'en ce qui concerne les mots, il y en a qui évoluent énormément.

306 | Nominalisation par la particule **no**. 2e cas :
Lorsqu'il s'agit de décrire le contenu d'une perception.

Exemples › **akira-san ga akubi shite iru no o mita**

Akira baillement faire j'ai vu

J'ai vu Akira bailler.

dareka ga sakende iru no ga kikoeta

quelqu'un crier a-été-audible

J'ai entendu quelqu'un crier.

307 | Nominalisation par la particule **no**. 3e cas :
no permet à toute une proposition d'être employée comme un nom, dans n'importe quelle configuration.

Exemples › **<u>hareta hi no yoru nado, hoshi no kansatsu o suru no</u> ga**
est-clair jour nuit étoiles observation faire
tanoshimi desu
un-plaisir c'est
C'est un plaisir d'observer les étoiles par une soirée d'un jour au ciel dégagé.
sono hi no asa boku wa <u>gakkô e iku no</u> ga taihen osoku
ce jour matin moi école aller extrêmement en-retard
narimashita
est-devenu
Ce matin-là, je suis parti très en retard à l'école.
(litt. : *mon aller à l'école a été très en retard*)

308 | <u>Le mot **koto**</u>
Ce terme signifie : *quelque chose d'immatériel ou d'abstrait > fait, événement, question, acte...*
Exemple › **tsugi no e wa fumikosan no shita koto o kaita mono desu**
suite image Fumiko a-fait choses a-dessiné chose c'est
L'image suivante représente ce [les choses/actes] qu'a fait Fumiko.
Mais il peut aussi servir de support de nominalisation.

309 | Nominalisation par <u>le mot **koto** : 1^er^cas</u>
Il permet d'utiliser une proposition qui n'est pas insérée dans une phrase, comme dans l'exemple suivant affiché dans une école maternelle pour dire aux enfants ce qu'ils doivent faire le matin :
Exemple › **<u>ha o migaku koto</u>. <u>te o arau koto</u>. <u>hitori de fuku o kiru koto</u>.**
dents polir le-fait. mains laver le-fait. tout-seul vêtements passer le-fait.
Se laver les dents. Se laver les mains. S'habiller tout seul.

ou bien lorsqu'un ensemble [proposition + **koto**] joue le rôle d'un nom dans la structure : [nom + **wa** + nom + actualisateur].
Exemple › **watashi no yume wa <u>isha ni naru koto</u> desu**
moi rêve médecin devenir le-fait c'est
Mon rêve c'est de devenir médecin.

310 | <u>Nominalisation par le mot **koto**. 2e cas</u> :
La structure [proposition déterminante + **koto**] est utilisée dans plusieurs expressions figées sous la forme : [proposition à noyau verbe + **koto** + particule **ga, wa** ou **mo** +verbe] :

• proposition terminée par un verbe à la forme en **-u** + **koto ga aru** (litt. : *existe le fait que*) > *Il m' (t', lui...) arrive de...*

Exemples › **akumu o miru koto ga arimasu ka**

cauchemar regarder fait-de existe

Est-ce qu'il vous arrive de faire des cauchemars ?

watashitachi wa, shôrai o sôzô-suru koto mo aru darô

nous avenir imagination faire fait-de doit-exister

Il nous arrive sûrement aussi d'imaginer l'avenir.

• proposition terminée par un verbe à la forme en **-ta** + **koto ga aru** (litt. : *a existé le fait que*) > *m' (t', lui...) est déjà arrivé de...*

Exemples › **minasan wa tai.iku ka kurabu katsudô de sakkâ to iu**

tous gym club activité football s'appelle

supôtsu o shita koto ga aru deshô

sport vous-avez-fait le-fait doit-exister

Vous avez déjà sûrement tous pratiqué en gym ou dans un club ce sport qu'appelle le football ?

(litt. : *il existe sûrement le fait que vous ayez fait...*)

gaikoku e itta koto ga mada arimasen

étranger je-suis-allé le-fait pas-encore n'existe-pas

Je ne suis encore jamais allé à l'étranger.

(litt. : *il n'existe pas le fait que je sois allé*)

• proposition terminée par un verbe à la forme en **-u** + **koto ga dekiru** (litt. : *est possible le fait de*) > *je (tu...) peux...*

Exemple › **tsui ni yamaguchi-san to denwa de hanasu koto ga dekimashita**

enfin Mme-Yamaguchi téléphone parler fait-de

a-été-possible

J'ai enfin réussi à joindre Mme YAMAGUCHI au téléphone.

• proposition terminée par un verbe à la forme en **-u** + **koto ni suru**, **koto ni kimeru** *décider de...*

Exemple › **tarô wa yama e tsuzuku michi o aruku koto ni shita**

Tarô montagne se-poursuivre chemin marcher le-fait décida

Tarô décida de prendre ce chemin qui continuait vers la montagne.

• proposition terminée par un verbe à la forme en **-u** + **koto ni naru** (litt. : *devenir le fait de*) > *en arriver à ce que, se faire que :*

chôdo sono hi, ensoku ga aru koto ni natte imashita

juste ce jour sortie exister le-fait était-devenu

Il se fait que, justement ce jour-là, il y avait une sortie scolaire. (litt. : *il se faisait qu'une sortie scolaire existe*)

311 | Nominalisation par le mot **koto**. 3e cas :
Il permet à toute une proposition d'être employée comme un nom dans n'importe quelle configuration.

Exemples › **kodomotachi wa kurisumasu ni santakurôsu ga**

enfants Noël Père Noël

kuru koto o shinjite imasu

vient le-fait croient

Les enfants croient que le père Noël vient à Noël.

kotoba wa, hatsuon ga sukoshi bakari kawaru koto

mots prononciation un-peu seulement change fait-de

wa mezurashikunai koto desu

n'est-pas-rare chose est

Que les mots changent de prononciation n'est pas quelque chose de rare. (litt. : *pour les mots, changer un tant soit peu de prononciation*)

312 | Comparaison entre **no** et **koto**
Dans leurs emplois cités en 1er et 2e cas (cf § 304 et 306, 309, 310), **no** et **koto** ne sont pas interchangeables. Par contre en ce qui concerne le 3e cas (cf § 307, 311), la situation est plus complexe. Dans certains cas, **no** et **koto** sont interchangeables, dans d'autres non. Il semble que **koto** serait préféré lorsqu'il s'agit d'énoncer une vérité générale, et **no** lorsqu'il s'agit d'un cas concret ou d'une situation personnelle.

Ainsi, dans les exemples cités au paragraphe précédent, seul **koto** est possible.

Par contre, dans les exemples suivants, seul **no** est possible :

Exemples › **anata ga korarenai no ga zannen desu**

toi ne-pas-pouvoir-venir regrettable c'est

C'est dommage que tu ne puisses pas venir.

jisho o motte kuru no o wasuremashita

dictionnaire apporter j'ai oublié

J'ai oublié d'apporter mon dictionnaire.

Mais **no** et **koto** sont interchangeables dans des cas intermédiaires : idée générale (**koto**), mais si le locuteur se sent concerné ou a expérimenté (**no**) :

Exemples › **zeikin o harau no/koto wa kokumin no gimu desu**

impôts payer citoyen devoir c'est

Payer ses impôts est le devoir du citoyen.

undô o suru no/koto wa kenkô ni yoi desu

sport faire santé est-bon

Faire du sport est bon pour la santé.

denwabangô nado, fukisoku ni naranda sûji o oboeru

numéro-de-téléphone sans-règle sont-alignés nombres retenir

no/koto wa muzukashii desu

est-difficile

Il est difficile de retenir les nombres alignés sans règle, comme les numéros de téléphone.

À noter dans le cas des adjectifs **suki da/desu** *est aimé*, **daisuki da/desu** *est adoré*, **kirai da/desu** *est détesté*, **daikirai da/desu** *est honni*, on emploie aussi bien **no** que **koto**.

Exemple › **tenisu o suru no/koto ga daisuki desu**

tennis faire est-adoré

J'adore jouer au tennis.

PARTIE 4

AUTRES COMPLÉMENTS CIRCONSTANCIELS

313 | L'expression d'un procès peut s'étoffer par l'adjonction d'éléments à fonction de compléments circonstanciels, autres que des compléments suivis d'une particule, et qui peuvent prendre des formes très diverses.

Chap. 1 › AUTRES COMPLÉMENTS DE TEMPS, ET tame

314 | Tout nom ou équivalent de nom fonctionne dans la phrase suivi d'une particule indiquant sa fonction. Or, certains noms peuvent être employés avec ou sans particule mais toujours précédés d'un déterminant. Ce déterminant peut être un démonstratif ou un autre nom + **no**. Il s'agit de mots référant au temps (cf aussi § 44 et 45) et du mot particulier **tame**.

315 | Les noms **toki** *temps, moment,* **koro** *moment, époque,* **mae** *avant,* **ato** et **nochi** *après,* **aida** *intervalle,* **uchi** *dans la limite de temps de,* **tabi** *fois,* précédés d'un déterminant, peuvent s'employer soit seuls soit suivis de **ni**. L'expression ainsi formée peut être suivie des particules **wa** de pointage faible ou de **mo**.

Le déterminant démonstratif est le plus souvent **sono** : **sono toki** *à ce moment-là,* **sono koro** *à cette époque-là,* **sono ato** *après cela, ensuite,* **sono aida** *pendant ce temps...*

• Dans les cas de **ato**, **nochi**, **mae**, **tabi** : la présence de la particule **ni** est une question de style. La version sans **ni** appartient plutôt à un style soutenu. Le langage parlé préfère la version avec **ni**.

Exemples › **joggingu no ato/ato ni shawâ o abimasu**

jogging après douche je-verse-de-l'eau

Après mon jogging, je prends une douche.

shiken no mae/mae ni nôto o minaoshita

examen avant cahiers j'ai révisé

Avant l'examen, j'ai révisé mes notes.

Exemple › **chichi wa <u>shutchô no</u> tabi/tabi ni, omiyage o**

mon-père voyage-d'affaires fois cadeau-souvenir

katte kite kureru

il-achète-pour-moi

À chaque voyage d'affaires, mon père me ramène un cadeau.

• **uchi** qui indique à l'intérieur de quelle limite de temps une action se réalise est normalement suivi de **ni** :

Exemple › **tegami wa <u>ni san nichi no</u> uchi ni todoku deshô**

lettre deux trois jours dans va-atteindre

Ma lettre va vous arriver dans les deux ou trois jours.

• Pour **toki, koro, aida** : on utilise la version sans **ni** lorsqu'il y a coïncidence de durée entre la période citée et le procès, et la version avec **ni** lorsque la période citée est le cadre temporel pendant lequel a lieu une action ponctuelle :

Exemples › **<u>kodomo no</u> toki wa yasai ga daikirai deshita**

enfant temps légumes étaient-détestés

Quand j'étais enfant (litt. : *au temps d'enfant*)*, j'avais horreur des légumes.*

<u>kodomo no</u> toki ni ryôshin ga rikon-shimashita

enfant temps parents divorce ont-fait

Mes parents ont divorcé quand j'étais enfant.

<u>ni-ju-go-sai no</u> koro ni nihongo no benkyô o hajimemashita

vingt-cinq ans époque langue-japonaise étude j'ai-commencé

J'ai commencé à étudier le japonais vers vingt-cinq ans.

<u>gakusei no</u> koro sakkâ ga daisuki datta

étudiant époque football était-très-aimé

Quand j'étais étudiant, j'adorais le foot.

<u>chichi no shujutsu no</u> aida, watashi wa shinpai datta

mon-père opération pendant moi inquiétude c'était

Pendant l'opération de mon père, j'étais inquiet.

<u>rusu no</u> aida ni yûbinhaitatsu no hito ga kita yô desu

absence pendant distribution-du-courrier être-humain est-venu il-semble-que

J'ai l'impression que le facteur est passé pendant mon absence.

316 | Le nom **tame** signifie *une action orientée*. De là découlent les deux sens actuels de ce mot :

– sens 1 : *action orientée au bénéfice de > bénéfice, profit > pour*
– sens 2 : *action qui a produit un effet > cause > à cause de*

Toujours précédé d'un déterminant démonstratif ou [nom + **no**], **tame** permet de construire deux sortes de compléments. Il peut être suivi ou non de **ni**.

– sens 1 : **tame** est toujours suivi de **ni** si l'action est orientée vers une personne ou un groupe humain, suivi ou non de **ni** dans les autres cas. Le langage familier préférant la version avec **ni**.

Exemples › **kodomo no tame ni mainichi o-bentô o tsukurimasu**
enfants pour tous-les-jours repas-à-emporter je-fabrique
Je prépare tous les jours le bentô pour les enfants.
jiko bôshi no tame, kakekomi jôsha wa o yame kudasai
accident prévention pour en-se-précipitant montée-dans-un-train veuillez cesser
Pour éviter les accidents, veuillez ne plus monter en courant.
kenkô no tame ni mainichi joggingu o shite imasu
santé pour tous-les-jours jogging je-fais
Pour ma santé, je fais tous les jours du jogging.

– sens 2 : on emploie les deux versions, celle sans **ni** relevant d'un langage plus soutenu.

Exemple › **ame no tame/tame ni shiai wa chûshi ni natta**
pluie à cause de match interruption est-devenu
Le match a été interrompu à cause de la pluie.

En dehors de ces emplois, le nom **tame** n'est plus employé que dans des expressions figées comme **tame ni naru** *[quelque chose] est profitable.*

Chap. 2 ›

ENSEMBLE [PARTICULE + NOM + PARTICULE]

317 | Un ensemble figé [particule + nom + particule] peut jouer le rôle d'une particule simple.

• **to tomo ni.** Le nom **tomo** signifie à l'origine *compagnon*. **to tomo ni** exprime :

– l'idée d'accompagnement : *avec*

Exemple › **oji wa nagai aida sono kuni no seifu to tomo ni**
mon-oncle est-long intervalle ce pays gouvernement avec
shigoto o shimashita
travail a-fait
Mon oncle a longtemps travaillé avec le gouvernement de ce pays.

– la coïncidence temporelle : *en même temps que, avec*

Exemple › **itami wa yoake to tomo ni nakunarimashita**
douleur aube en-même-temps-que a-disparu
Sa douleur a disparu avec l'aube.

– une qualité partagée : *aussi bien que, comme*

Exemple › **kurosawa wa mizoguchi to tomo ni sengo no nihon no**
Kurosawa Mizoguchi aussi-bien-que après-guerre Japon
eiga no daihyôteki na kantoku desu
cinéma sont-représentatifs cinéastes ce-sont
KUROSAWA comme MIZOGUCHI sont des cinéastes représentatifs du cinéma japonais d'après-guerre.

• **to dôji ni. dôji** signifie littéralement : *le même moment*. **to dôji ni** > *en même temps que, au moment où*. Mais les deux faits exprimés doivent aller dans le même sens.

Exemple › **ooame to dôji ni hageshii kaze ga fuite kimashita**
grande-pluie en-même-temps-que est-violent vent s'est-mis-à-souffler
En même temps que la forte pluie, un vent violent s'est mis à souffler.

318 | Ces deux ensembles peuvent aussi s'utiliser après une proposition, qui est toujours terminée par une forme de degré moins.

Exemple › **toshi o toru to tomo ni nichijô seikatsu no ugoki wa**

année on-prend en-même-temps-que quotidienne vie gestes

muzukashiku narimasu

difficiles deviennent

Quand on prend de l'âge, les gestes de la vie quotidienne deviennent pénibles.

Exemple › **kono hon wa omoshiroi to dôji ni tame ni naru**

ce livre est-intéressant en-même-temps-que bénéfice il-devient

Ce livre est intéressant et en même temps utile.

319 | **no ue de. ue** signifie *le dessus*. **no ue de** > *en se fondant sur, d'après.*

Exemple › **chôsa no ue de wa utagainaku shujin ga hannin desu**

enquête d'après sans-aucun-doute mari coupable c'est

D'après l'enquête c'est sans aucun doute le mari qui est le coupable.

Chap. 3 ›

UTILISATION DE LA FORME EN -te

320 | Un verbe à la forme en **-te** (cf aussi § 191) peut constituer un complément.

Exemples › **tonari no mura made wa aruite ichi jikan gurai kakarimasu**

voisinage village jusque en-marchant une heure environ ça-prend

Il faut environ une heure pour aller à pied jusqu'au prochain village.

niji ni wa kimatte nanatsu no iro ga aru to iu kotae ga kaette kimashita

arc-en-ciel étant-fixé sept couleurs se-trouvent on-dit réponse me- revint

Dans un arc-en-ciel, il y a immanquablement sept couleurs, me fut-il répondu.

iruka ga narande oyoide kimashita

dauphin étant-alignés nagèrent-vers-nous

Les dauphins nagèrent vers nous en ligne.

321 | Une proposition terminée par un verbe à la forme en **-te** peut aussi constituer un complément.

Exemples › **onaka de iki o sutte koe o dasanakereba narimasen**

ventre souffle soufflant voix il-faut-sortir

Il faut faire sortir sa voix en respirant par le ventre.

koe o dashite hakkiri to yonde mimashô

voix sortant clairement tâchons-de-lire

Tâchons de lire à haute voix distinctement.

(litt. : *en sortant sa voix*)

otôsan ga makkana kao o shite okorimashita

mon-père tout-rouge visage faisant se-fâcha

Mon père se fâcha tout rouge.

(litt. : *en faisant un visage tout rouge*)

Cette possibilité donne lieu à de nombreuses expressions passées dans l'usage :

Exemples › **chikara o komete** *de toutes ses forces* (litt. : *en mettant ses forces*), **kokoro o komete** *de tout son cœur* (litt. : *en mettant son cœur*), **umarete hajimete** *pour la première fois de ma/sa... vie.*

Exemple › **kokoro o komete inorimashita**

cœur en-mettant il-pria

Il se mit à prier de tout son cœur.

322 | Dans le cas de la négation, on utilise l'équivalent négatif de la forme en **-te**, forme composée avec le suffixe de négation **-nai** suivie d'un suffixe **de**.

Exemples › **kono ie wa ichi en mo shakkin-shinaide kaimashita**

cette maison un yen emprunt sans-faire j'ai acheté

J'ai acheté cette maison sans emprunter un seul yen.

tsutomu-kun wa ichido mo machigawanaide nagai shi o

Tsutomu une-fois sans-se tromper est-long poème

anshô-shimashita

récitation a-fait

Tsutomu a récité ce long poème sans se tromper une seule fois.

323 | Il existe aussi une forme négative **-zu** (équivalent de **-nai** en japonais ancien) **ni** qui suit un verbe à la base unique des verbes unibases et à la base en **-a** des verbes multibases. **-zu ni** a la même signification que **-naide** (cf § 322) mais s'emploie dans un style écrit ou plus soutenu. À noter que dans le cas du verbe **suru**, on utilise une forme irrégulière **sezu ni**.

Exemples › **asagohan o tabezuni gakkô ni iku no wa karada ni**

petit-déjeuner sans-manger école aller corps

yokunai desu

n'est-pas-bon

Partir à l'école sans avoir pris de petit-déjeuner n'est pas bon pour la santé.

benkyô mo sezu ni nagoya daigaku ni nyûgaku-

étude sans-faire Nagoya université entrée-à-l'école

shite shimatta

il-a-réussi-à-faire

Il a réussi à entrer à l'université de Nagoya sans travailler du tout.

Chap. 4 ›

ENSEMBLE [PARTICULE + VERBE À LA FORME EN -te]

324 | Des ensembles [particule + verbe à la forme en **-te**] se sont figés pour donner ce qu'on peut considérer comme des équivalents élargis de particules. Il s'agit massivement de verbes se construisant avec la particule **ni**, mais on peut aussi trouver des constructions avec **to** ou avec **o**. Ces ensembles peuvent être suivis des particules **wa** de pointage faible ou **mo**. Tous ces ensembles peuvent suivre des noms ou équivalents de noms. Certains peuvent aussi suivre une proposition, toujours terminée par une forme de degré moins. Ils peuvent aussi, comme certaines particules simples être suivis de la particule **no** dans un rapport de détermination (cf § 139).

À noter Pour certaines de ces formules, la forme en **-te** peut, dans un style écrit, être remplacé par le radical si le verbe est unibase, par la base en **-i** si le verbe est multibase. Dans certaines conditions, ces formes verbales ont une fonction équivalente à celle de la forme en **-te** (cf § 350). Mais seules les versions avec forme en **-te** peuvent être utilisées en fonction déterminante par l'intermédiaire de **no**.

325 | Nom / Proposition à noyau verbe + **ni atatte/ni atari**

Le verbe **ataru** signifie *venir se heurter à, correspondre à*. **ni atatte** > *en profitant de, à l'occasion de*.

Exemples › **kaigi no kaikai ni atatte, itte okitai koto ga arimasu**

réunion ouverture en-profitant-de dire-à-l'avance chose existe

À l'occasion de l'ouverture de notre réunion, il y a quelque chose que je voudrais d'abord dire.

watashi wa kondo nihon e iku ni atatte, zehi

moi cette-fois Japon aller en-profitant-de absolument

tôhoku o otozuretai to omoimasu

Tôhoku je-veux-visiter je-pense

Cette fois-ci, à l'occasion de mon séjour au Japon, je veux absolument visiter le Tôhoku.

326 | Nom + **ni han shite/ni han shi**

Le mot **han** signifie *contraire*. **ni han shite** > *contre, contrairement à*.

Exemple › **<u>yosô</u> ni han shite nakamura ga tenisu renmei no**

prévision contrairement-à Nakamura tennis fédération

kaichô ni erabareta

président a-été-choisi

Contre <u>toute attente</u>, NAKAMURA a été élu président de la fédération de tennis.

327 | <u>Nom + **ni kan shite/ni kan shi**</u>

Le mot **kan** signifie *relation, lien*. **ni kan shite** > *en relation avec, en ce qui concerne.*

Exemple › **<u>koten bunpô</u> ni kan shite terada sensei no hô ga**

grammaire-classique en-ce-qui-concerne Terada professeur côté

kuwashii desu

est-détaillé

En ce qui concerne <u>la grammaire classique</u>, le professeur TERADA est le plus érudit.

Quand cette expression se trouve en fonction de détermination, **shite** est remplacé par **suru**.

Exemple › **gakusei no toki <u>roshia gengogaku</u> ni kan suru hon o**

étudiant temps russe linguistique concernant livres

takusan yomimashita

beaucoup j'ai-lu

Pendant mes études, j'ai lu de nombreux livres de [concernant la] <u>linguistique russe.</u>

328 | <u>Nom + **ni mukatte/ni muka.i**</u>

Le verbe **mukau** signifie : *être tourné vers, être en face de.* **ni mukatte** > *en prévision de.*

Exemple › **karukatta wa <u>rainen no orinpikku</u> ni mukatte iroiro na**

Calcutta an-prochain Jeux-olympiques en-prévision-de beaucoup

junbi o shite imasu

préparatifs fait

Calcutta fait de nombreux préparatifs en prévision <u>des Jeux olympiques de l'an prochain</u>.

329 | <u>Nom + **ni oite/ni okeru**</u>

Le verbe **oku** signifie : *poser, placer.*

Dans un style formel écrit, **ni oite** peut s'employer pour préciser le lieu où s'est tenu un événement : *en prenant place à, en se situant à > à, dans, en.*

Exemple › **1964 nen no orinpikku wa <u>tôkyô</u> ni oite kaisai-saremashita**

1964 année Jeux-olympiques Tôkyô dans ont-eu-lieu

Les Jeux olympiques de 1964 ont eu lieu à <u>Tôkyô</u>.

Quand cette expression se trouve en fonction de détermination, **oite** est remplacé par **okeru**.

Exemple › **<u>furansugo</u> ni okeru dôshi no kakokei no tsukaikata o**

langue-française dans verbes forme-passée emploi

matomete ikimashô

essayons-de-résumer

Essayons de résumer l'emploi du passé des verbes en <u>français</u>.

330 | <u>Nom / Proposition à noyau verbe + **ni sai shite/ni sai shi**</u>

sai signifie *occasion > en prenant comme occasion > à l'occasion de, pour*. Après un nom, **ni sai shite** peut être remplacé par **no sai ni**.

Exemples › **morita sensei wa <u>taishoku-suru</u> ni sai shite, takusan no**

Morita professeur prend-sa-retraite à-l'occasion-de beaucoup

purezento o moraimashita

cadeaux a-reçu

Le professeur MORITA a reçu de nombreux cadeaux à l'occasion de <u>son départ en retraite</u>.

<u>sobo no hachi-jûs-sai no tanjôbi</u> ni sai shite/no sai ni

ma-grand-mère quatre-vingt ans anniversaire à-l'occasion-de

shinzoku no hito ga zen.in atsumarimashita

famille gens tous se-sont-réunis

La famille toute entière s'est réunie pour <u>les quatre-vingts ans de ma grand-mère</u>.

331 | <u>Nom / Proposition à noyau verbe + **ni shitagatte/ni shitagai**</u>

Le verbe **shitagau** signifie : *suivre, se conformer à > selon, suivant*.

Exemples › **<u>keiyaku no jôken</u> ni shitagatte kyûryô ga yon-jû man**

contrat conditions conformément-à salaire quatre-cent mille

en ni naru sô desu

yen devient il-est-dit-que

Selon <u>les conditions de mon contrat</u>, mon salaire serait de quatre cent mille yens.

kisetsu ga henka-suru ni shitagatte machi no yôsu ga
saison changement font en-suivant ville apparence
kawarimasu
change
Suivant les changements de saisons, le visage de la ville évolue.

332 | Nom / Proposition + **ni shite wa**

Cette expression implique la comparaison avec un standard, avec un effet d'étonnement > *pour, si on considère que c'est.*

Exemples › **kono sûpu wa, instanto ni shite wa nakanaka oishii desu**
cette soupe instantanée pour plutôt est-bonne
Pour une soupe instantanée, cette soupe est plutôt bonne.

furansujin ni shite wa eigo ga totemo yoku dekimasu ne
personne-française pour langue-anglaise très bien est possible
Pour un Français, il parle vraiment bien anglais !

sono kikai o hajimete tsukatta ni shite wa tsukaikata ga
cette machine pour-la première-foi a-utilisé si-on-considère-que mode-d'emploi
hayaku wakarimashita ne
vite a-été-compréhensible
Pour quelqu'un qui se servait de cette machine pour la première fois, il a tout de suite compris le mode d'emploi.

333 | Nom + **ni sotte**

Il existe deux expressions homonymes, dérivées de deux verbes différents.

– un verbe **so.u** signifie : *longer* **ni sotte** : *en longeant > le long de*. Cet ensemble est employé uniquement après un nom.

Exemple › **kono mura no hito ga nôdô ni sotte konkurîto de**
ce village gens chemin-agricole le-long-de béton
yôsuiro o tsukurimashita
canaux-d'irrigation ont-fabriqué
Les gens de ce village ont fabriqué des canaux d'irrigation en béton le long des chemins agricoles.

– un autre verbe **so.u** signifie : *satisfaire, répondre à (une attente)*. **ni sotte** > *conformément à*. Uniquement après un nom.

Exemple › **kaisha no hôshin ni sotte atarashii keikaku ga tateraretа**
entreprise orientations conformément-est nouveau plan a-été-établi
Un nouveau plan a été établi conformément aux orientations de l'entreprise.

334 | <u>Nom + **ni tai shite/ni tai shi**</u>

Le mot **tai** signifie *rapport*, **tai suru** : *mettre en rapport, mettre en opposition > par rapport à, envers*. **shite** peut, dans un style écrit, être remplacé par **shi**, forme verbale dont la fonction équivaut dans certaines conditions à celles de la forme en **-te** (cf § 350).

Exemple › **sono seito wa <u>iitai koto</u> ni tai shite jûbun na**
cet élève il-veut-dire choses par-rapport-à est-suffisante
hyôgenryoku o motte inai yô desu
force-d'expression n'a-pas il-semble
Il semble que cet élève n'a pas les capacités suffisantes par rapport à <u>ce qu'il voudrait exprimer</u>.

Quand cette expression se trouve en fonction de détermination, elle peut soit être suivie de **no**, soit prendre la forme **ni tai suru.**

Exemple › **sono sensei <u>no kodomo</u> ni tai shite no/ni tai suru**
ce professeur enfants vis-vis-de
taido wa yurusarenai yo
attitude je-ne-peux-pas-admettre
Je ne peux pas accepter l'attitude de ce professeur vis-à-vis <u>des enfants</u>.

335 | <u>Nom + **ni totte**</u>

Le verbe **toru** signifie *prendre*. **ni totte** : *pris par > du point de vue de, pour*.

Exemple › **<u>gaikokujin</u> ni totte wa mezurashii koto ka mo shiremasen**
étranger pour est-étrange chose c'est-peut-être
C'est peut être quelque chose d'étonnant pour <u>un étranger</u>.

336 | <u>Nom + **ni tsuite/ni tsuki**</u>

Le verbe **tsuku** signifie : *s'attacher à*. **ni tsuite** : *en s'attachant à > à propos de, sur*.

Exemple › **shôgakusei shinbun ni <u>terebi</u> ni tsuite no omoshiroi**
école-primaire journal télé à-propos-de est-intéressant
kiji ga notte ita
article était-inséré
Dans notre journal de l'école, il y avait un article intéressant sur <u>la télévision</u>.

337 | <u>Nom / Proposition à noyau verbe + **ni tsurete/tsure**</u>

Le verbe **tsureru** signifie : *accompagner*. **ni tsurete** > *au fur et à mesure.*

Exemples › **<u>hi ga noboru</u> ni tsurete ki.on mo takaku narimasu**

soleil monte au-fur-et-à-mesure température haute devient

Au fur et à mesure <u>que le soleil monte</u>, la température aussi s'élève.

<u>kagaku no hatten</u> ni tsurete nichijô seikatsu mo dandan

sciences développement au-fur-et-à-mesure quotidienne vie progressivement

kawatte ikimasu

va-changeant

Avec <u>le développement des sciences</u>, la vie quotidienne change peu à peu.

338 | <u>Nom + **ni yotte/yori**</u>

Cette expression a deux emplois :

- Le verbe **yoru** signifie : *s'appuyer sur*. **ni yotte** : *en s'appuyant sur > selon, en fonction de.*

Exemple › **<u>tochi</u> ni yotte sukoshi zutsu kotoba ga chigatte imasu**

lieux selon un-peu chaque mots diffèrent

En fonction des <u>lieux</u> les mots sont un peu différents.

Dans ce cas seulement, **yotte** peut, dans un style écrit, être remplacé par **yori**.

ni yotte/yori peut s'employer après une proposition terminée par la particule interrogative **ka** :

Exemple › **<u>nani o erabu</u> <u>ka</u> ni yotte nedan ga ookiku chigaimasu**

quoi vous-choisissez selon prix grandement diffèrent

Les prix diffèrent énormément selon <u>ce que vous choisissez</u>.

- Avec un verbe dérivé à valeur passive, en langue écrite **yotte** peut s'ajouter à **ni** pour désigner l'agent ou le moyen (cf § 265).

Exemples › **supeingo wa <u>nan.oku-nin mo no hito</u> ni yotte**

langue-espagnole des-millions personnes gens par

mochiirarete imasu

est-utilisée

L'espagnol est utilisé par <u>des millions de personnes</u>.

heian jidai no bungaku no sakuhin wa hiragana ni yotte
Heian époque littérature œuvres hiragana par
kakaremashita
ont-été-écrites
Les œuvres littéraires de l'époque de Heian ont été écrites en hiragana.

339 | Une expression est composée d'une forme verbale terminée par **-zu**, qui est l'ancien suffixe de la négation, équivalent au **-nai** moderne.
Nom / Proposition à noyau verbe + **ni mo kakawarazu**.
Formé à partir du verbe **kakawaru** : *concerner*. Litt. : *sans être concerné par > en dépit de, malgré, bien que*.

Exemples › **doryoku ni mo kakawarazu shippai-shimashita**
effort malgré échec j'ai-fait
Malgré mes efforts, j'ai échoué.
go nen mae kara chokin shite iru ni mo kakawarazu mada
cinq ans avant économies je-fais bien-que pas-encore
okane ga tarinai no desu
argent n'est-pas-suffisant c'est-que
Bien que j'économise depuis cinq ans, je n'ai pas encore assez d'argent.

340 | Nom + **to shite**
Le verbe **suru** signifie *faire*. Mais précédé de la particule **to** de citation (cf § 279), il prend le sens de *considérer que*. **to shite** : *considéré comme > comme, en tant que*.

Exemple › **man.yôshû ya kokinshû nado wa furui jidai no**
Man.yôshû Kokinshû par-exemple est-ancienne époque
daihyôteki na kashû to shite taihen nadakai desu
sont-représentatifs recueils-poétiques en-tant-que très sont-célèbres
Des ouvrages comme le Man.yôshû, le Kokinshû sont extrêmement célèbres en tant que recueils poétiques représentatifs de l'époque ancienne.

341 | Nom + **o hajime**
Cet ensemble, est composé de la particule **o** et de la base unique du verbe **hajimeru** *commencer qqch > à commencer par*.

Exemple › **<u>sôridaijin</u> o hajime kakuryô zen.in ga**

premier-ministre à-commencer-par membres-du-gouvernement tous

sanka-shimashita

participation ont-fait

Tous les membres du gouvernement, à commencer par <u>le Premier ministre</u>, étaient présents.

342 | <u>Nom + **o tooshite**</u>

Le verbe **toosu** veut dire *faire traverser, faire passer*.

Il y a deux emplois :

- **o tooshite** > *à travers, par le canal de.*

Exemple › **<u>byôki no keiken</u> o tooshite hajimete inochi no hontô no**

maladie expérience à-travers pour-la-première-fois vie vraie

kachi ga wakatta no desu

valeur a-été-compréhensible

C'est à travers <u>l'expérience de la maladie</u> que j'ai commencé à comprendre la véritable valeur de la vie.

Dans cet emploi, cette expression a un équivalent : **o tsûjite.**

- **o tooshite** > *en traversant une durée > pendant, durant.*

Exemple › **ooyuki ga <u>ikkagetsu</u> o tooshite tsuzukimashita**

neige-abondante un-mois pendant a-continué

Il a continué à neiger abondamment pendant <u>un mois</u>.

Chap. 5 › **EXPRESSION DE LA CONCOMITANCE**

343 | Plusieurs suffixes permettent d'exprimer la concomitance entre l'action/l'état principal et une autre action/un autre état qui l'accompagne. Dans tous les cas, il y a la même contrainte : ces actions ou états, ne peuvent relever que du même actant.

344 | **-nagara** peut suivre une proposition à noyau verbe, le verbe étant à la base unique des verbes unibases ou à la base en **-i** des verbes multibases. **-nagara** permet d'indiquer que les deux actions sont faites au même moment, à condition que ce soit par le même actant.

Exemples › **ojiisan wa warainagara « sô da, sô da » to iimashita**
vieil-homme en-riant oui oui a-dit
Le vieil homme dit en riant « et oui, et oui ».
ima de wa intânetto no o-kage de daredemo, ie ni inagara
maintenant internet grâce-à tout-le-monde maison tout-en-étant
ongaku ya geki nado o tanoshimu koto ga dekimasu
musique théâtre etc jouir-de fait-de est-possible
De nos jours, grâce à Internet tout le monde peut profiter de concerts, de théâtre… tout en restant chez soi.

-nagara peut suivre aussi une proposition à noyau adjectif ou [nom + actualisateur (sous la forme du doublet **de aru** (cf § 68))], indiquant alors qu'un certain état existe en même temps qu'une action ou un autre état, à condition qu'il s'agisse toujours du même actant ou du même objet.

Exemples › **watashi no daidokoro wa semai nagara, benri ni**
moi cuisine tout-en-étant-petite de-façon-pratique
tsukaeru tokoro desu
on-peut-utiliser endroit c'est
Ma cuisine a beau être petite, elle est pratique à l'usage.
onaji nihongo de arinagara, tochitochi de kotoba ga
même langue-japonaise tout-en-étant lieux mots
chigatte imasu
diffèrent
Tout en s'agissant du même japonais, selon les endroits les mots diffèrent.

345 | **-tsutsu** sert à indiquer la permanence : soit qu'il s'agisse d'un état ou d'une action envisagé(e) seul(e), soit que cet état existe ou que cette action se déroule concurremment à un autre état ou une autre action. **-tsutsu** ne peut s'employer que suivant un verbe, à la base unique pour les verbes unibases, à la base en **-i** pour les verbes multibases. Comme dans le cas de **nagara**, il ne doit y avoir qu'un seul actant.

Exemples › **atarashii eki wa kansei-shitsutsu aru**

est-nouvelle gare achèvement est-en-train-de-se-faire

La nouvelle gare est en voie d'achèvement.

kôhî wa kenkô ni yokunai to shiritsutsu,

café santé n'est-pas-bon tout-en-sachant

mainichi jûp-pai gurai nomimasu

chaque-jour dix-tasses environ je-bois

Tout en sachant que le café n'est pas bon pour la santé, j'en bois tous les jours à peu près dix tasses.

346 | **-gatera** indique qu'une action se développe à l'intérieur d'une autre, saisie comme occasion. **-gatera** suit un nom ou un verbe à la base unique pour les verbes unibases, à la base en **-i** pour les verbes multibases.

Exemples › **kitaku gatera kaimono o shimashita**

retour en-cours-de courses j'ai-fait

J'ai fait les courses en rentrant à la maison.

(litt. : *lors de mon retour*)

eki e ikigatera tegami o posuto ni irete kudasai

gare en-cours-d'aller lettre boîte mettez

Merci de me poster cette lettre en allant à la gare.

347 | **-mama** indique l'absence de changement, la persistance d'un état ou d'une situation acquis(e). **-mama** suit un verbe à la forme en **-ta** ou à la forme négative, ou un adjectif.

Exemples › **musuko wa nihon e itta mama kaerimasen**

mon-fils Japon est-allé tel-quel il-ne-revient-pas

Mon fils est parti définitivement au Japon.

jûji wa <u>suzu o poketto ni ireta</u> mama gakkô no ensoku ni
jûji clochette poche a-mis tel-quel école sortie
dekakete ikimashita
s'en-alla
Jûji partit en sortie scolaire, avec (litt. : *en ayant gardé*) *la clochette dans sa poche.*
<u>shîtoberuto o shimenai</u> mama unten suru no wa
ceinture de sécurité ne-pas-fermer tel-quel conduite faire
abunai desu
est-dangereux
Il est dangereux de conduire sans attacher sa ceinture de sécurité.
heya ga kitanai mama dekakete wa ikemasen
chambre est-sale tel-quel il-ne-faut-pas-sortir
On ne doit pas sortir en laissant sa chambre en état de saleté.

-mama peut aussi suivre un nom, auquel il est relié par la particule **no** de détermination.

Exemple › **mura wa zutto mukashi no mama deshita**
village complètement autrefois tel-quel était
Le village était exactement comme autrefois.

348 | La structure [verbe + **-tari** (+ verbe + **-tari**)... + **suru**] permet de proposer des actions possibles, en liste non exhaustive, dans une situation donnée. Le nombre de [verbe + **-tari**] n'est théoriquement pas limité. L'énumération doit être conclue par une forme du verbe **suru**. **-tari** s'emploie dans les même conditions que les suffixes **-te** et **-ta** (cf § 14).

Exemples › **wakai toki shûmatsu ni yoku supôtsu o shimashita.**
est-jeune temps week-end souvent sport je-faisais
yama e ittari, sakkâ o shitari, suiei no torêningu
montagne aller, football faire, natation entraînement
o shitari shite imashita
faire je-faisais
Quand j'étais jeune, le week-end je faisais souvent du sport, comme aller à la montagne, faire du foot ou m'entraîner en natation.

sakkâ wa, bôru o ashi de kettari atama de uttari shite,

football ballon pied shooter tête frapper faisant

aite chîmu no gôru ni ireru gêmu desu

partenaire équipe but on-met jeu c'est

Le football est un jeu qui consiste à mettre un ballon dans le but de l'équipe adverse en shootant avec le pied ou en le frappant de la tête.

Il est possible de n'employer qu'un seul [verbe + **-tari**], qui présente alors l'action comme représentative d'un ensemble d'actions possibles dans la même situation.

Exemple › **isha no machiaishitsu de zasshi o yondari shite**

médecin salle-d'attente revues lire en-faisant

machimasu

j'attends

Dans la salle d'attente du médecin, j'attends en lisant des revues [et en faisant d'autres choses du même genre].

PARTIE 5

LA PHRASE COMPLEXE

349 | Une phrase peut être composée de plusieurs propositions (cf Préambule), reliées par un élément servant à indiquer le contenu de la relation entre ces propositions, appelé un relateur.

Dans tous les cas, ces propositions peuvent être à noyau verbe, adjectif ou [nom + actualisateur]. Les contraintes sont différentes selon la nature du relateur. Trois cas se présentent :

– Le relateur est la forme en **-te** d'un verbe, d'un adjectif ou de l'actualisateur.

– le relateur est un nom (suivi ou non de particules) ou une particule (ou une combinaison de particules). Les contraintes, dans ce cas, sont les mêmes que dans les propositions déterminantes : le mot noyau qui précède est toujours au degré moins, et on ne peut utiliser la particule **wa** dans son emploi de pointage fort à l'intérieur de la proposition.

– le relateur est un outil spécifique. Dans chaque cas, les contraintes sont différentes.

Chap. 1 › LE RELATEUR EST LE SUFFIXE -te

350 | Le relateur le plus simple du point de vue morphologique est le suffixe **-te** qui s'ajoute au noyau des propositions à noyau verbe (cf § 12 à 14) ou adjectif (cf § 77) ou la forme **de** de l'actualisateur (cf § 68).

Dans la langue écrite, une forme en **-te** peut être remplacée : pour les verbes, par la base unique des verbes unibases et la base en **-i** des verbes multibases ; pour les adjectifs, par la base en **-ku.** Il arrive que les deux, formes en **-te** et autres, coexistent dans une même phrase.

Pour les adjectifs invariables et l'actualisateur, aucun remplacement n'est possible, c'est toujours le mot suivi de **de** qui est employé. Cependant, pour l'actualisateur, en langue écrite, dans un style soutenu, on peut utiliser des formes issues du doublet **de aru** (cf § 68) : **de atte/de ari**.

351 | La forme en **-te** (et ses équivalents) n'a pas de signification propre. Elle est seulement une marque syntaxique indiquant qu'il y a une relation entre des propositions. Une phrase peut comporter plusieurs propositions terminées par le relateur **-te**. En mettant en relation les contenus des propositions ainsi reliées, on peut distinguer quatre cas possibles :

• la simple juxtaposition : deux faits sont décrits appartenant à la même situation. Il s'agit d'une accumulation concernant les mêmes objet/état/personne. On peut noter l'emploi fréquent de la particule **mo** dans ces propositions.

Exemples › **hiroba no chika wa, shôtengai ni natte ite, chikatetsu**
place sous-sol galerie-marchande est-devenu métro
no eki mo arimasu
station se-trouve
Le sous-sol de la place est devenu une galerie marchande, et on y trouve aussi la station de métro.

nihon ni wa yama ya onsen ga takusan atte, keshiki no
Japon montagnes sources-chaudes beaucoup se-trouvent paysages
ii tokoro ga takusan arimasu
sont-bien lieux beaucoup se-trouvent
Au Japon, il y a beaucoup de montagnes et de sources chaudes, et nombreux sont les endroits pittoresques.

tatemono mo ookiku, hataraku hito mo takusan imasu
bâtiments sont-grands travaillent êtres-humains beaucoup se-trouvent
Les bâtiments sont vastes, les gens qui y travaillent sont nombreux.

jûji-kun wa, hana ya mushi ga suki de, totemo yasashii
Jûji fleurs insectes sont-aimés très est-gentil
ko desu
enfant c'est
Jûji aime les fleurs et les insectes, c'est un gentil petit garçon.

kôsha wa, nikaidate de, tai.ikukan mo dekite imashita
bâtiment-d'école deux-niveaux c'est gymnase a-été-réalisé
L'école est un bâtiment à deux niveaux, on y a fait aussi un gymnase.

• la succession chronologique : deux faits sont présentés comme se succédant dans le temps. Cette possibilité ne concerne que des propositions à noyau verbe. La condition est qu'il s'agisse du même actant.

Exemples › **doa o akete, kaidan o nobotte, nikai no heya no**

porte elle-a-ouvert escalier elle-a-gravi 2e niveau pièces

mae de tachidomarimashita

devant elle-s'est-arrêtée

Elle a ouvert la porte, elle a monté l'escalier et s'est arrêtée devant l'appartement du premier.

watashitachi no gakkô de wa, furui kôsha o kowashi,

nous école sont-vieux bâtiments-d'école on-a-cassé

konkurîtodate no kôsha ni tsukurikaemashita

construits-en-béton école on-a-fabriqué-pour-remplacer

Dans notre école, on a démoli les vieux bâtiments et on les a remplacés par des bâtiments en béton.

• la relation de cause à effet. La proposition terminée par le relateur **-te** présente une action ou un état, la proposition suivante la conséquence qui en découle.

Exemples › **yatto arashi ga yande, umi wa shizuka ni narimashita**

enfin tempête a-cessé, mer calme est-devenue

Enfin la tempête a cessé et la mer s'est calmée.

zô wa, karada ga ookikute, kakureru tokoro ga arimasen

éléphant corps est-grand, il-se-cache lieu n'existe-pas

Comme l'éléphant est trop gros, il ne trouve pas d'endroit pour se cacher.

sono atari wa shizuka de, mono.oto ga zenzen shinakute,

ces environs sont-tranquilles bruits pas-du-tout ne-se-font-pas

yoru yoku nemureru tokoro desu

nuit bien on-peut-dormir lieu c'est

Ce coin est tranquille, il n'y a aucun bruit, la nuit on peut bien dormir.

furui kôsha wa, yon-jû nen hodo mae ni taterareta

est-vieille école quarante ans environ avant a-été-construite

mono de, achira kochira ga itande imasu

chose c'est, par-ci par-là elle-est-abîmée

La vieille école, ayant été construite il y a à peu près quarante ans, présente de nombreuses dégradations.

dôro ni wa tsuchi ya ishi no yama ga dekite ite,

chaussée terre pierres montagne s'est formée

tooremasen

on-ne-peut-pas-passer

Une montagne de terre et de pierres s'étant formée sur la route, il est impossible de passer.

• la condition posée. La proposition terminée par le relateur **-te** pose une action ou un état comme la condition pour que se réalise ce qui est exprimé par la proposition suivante.

Exemples › **aki ni natte, ki no ha wa zuibun kawatte kimasu**

automne devient arbres feuilles extrêmement changent

Quand l'automne arrive, les feuilles des arbres se transforment énormément.

kita ni muite, hidarite no hô ga nishi, migite no hô ga

nord on-se-tourne main-gauche côté ouest main-droite côté

higashi desu

est c'est

Si on se tourne vers le nord, à gauche c'est l'ouest, à droite c'est l'est.

352 | Combinée avec la particule **wa**, une forme en **-te** en fin de proposition permet d'exprimer un état ou une action qui entraîne une conséquence négative. On peut remarquer que la proposition terminée par **-te wa** inclut souvent un élément démonstratif (cf Partie 2 Ch. 4).

Exemples › **sonna ni takusan o-sake o nonde ite wa, byôki ni naru yo**

ainsi beaucoup alcool si-tu-bois malade tu-vas-devenir

Si tu continues à boire autant d'alcool, tu vas tomber malade.

sô iu fû ni nanjikan mo terebi o mite wa me ga waruku

ainsi dire manière des-heures télé si-tu-regardes yeux mauvais

naru deshô

deviendront

Si tu regardes comme ça la télé pendant des heures, tes yeux vont souffrir.

anna ni semai heya de neko o katte wa neko ga

ainsi est-petite pièce chat si-on-élève chat

kawaisô deshô

est-à-plaindre

Élever un chat dans une pièce si petite, le chat va être malheureux.

353 | Combinée avec la particule **kara**, la forme en **-te** d'un verbe permet d'exprimer l'antériorité d'une action par rapport à une autre : *après* + verbe.

Exemples › **untenshu-san wa o-kyaku no noriori ga sumu no o**

conducteur clients monte-descente est-terminée

tashikamete kara, basu o hassha-sasemasu

après-avoir-vérifié bus il-fait-démarrer

Le conducteur fait démarrer le bus après avoir vérifié que tous les passagers ont fini de monter ou descendre.

uchi ni kaette kara, fukushû o shitari, terebi o mitari,

maison après-être-rentré devoirs faire, télé regarder,

hon o yondari shimasu

livre lire je-fais

Une fois rentré à la maison, je fais mes devoirs ou je regarde la télé ou je lis un livre.

Un nom suivi de la particule **kara** peut être relié par **no** à un autre nom, en fonction déterminante (cf § 139). Il en va de même pour l'ensemble terminé par **-te kara**.

Exemple › **inaka ni kaette kara <u>no</u> seikatsu wa taihen**

campagne après-être-rentré vie très

muzukashiku natta

difficile est-devenue

Leur vie après leur retour à la campagne est devenue très difficile.

Chap. 2 ›

PROPOSITIONS CIRCONSTANCIELLES DE TEMPS

354 | Deux possibilités :

• le relateur est un nom. C'est le cas le plus fréquent. La proposition est construite selon le mécanisme de la détermination (cf § 286 et 287), et obéit donc aux mêmes contraintes : l'emploi obligatoire d'une forme de degré moins devant le relateur, ainsi que l'impossibilité d'employer un nom suivi de la particule **wa** dans son emploi de pointage fort (cf § 51) à l'intérieur de la proposition. Même devenu relateur, ce nom continue à fonctionner comme tout nom et pourra être, selon les cas, suivi ou non de la particule **ni** (cf § 44 et 45), elle-même suivie des particules de pointage (cf § 52) ou de surenchère (cf § 61) dans leur emploi usuel.

• dans un seul cas, le relateur est une particule de second cercle, **made** (cf § 43).

355 | Le mot **toki** signifie *temps, moment*. Il devient un relateur, au sens de *quand, lorsque*. **toki** peut s'employer seul, ou suivi de la particule **ni**. Lorsque la première proposition délimite un moment du temps et que la seconde exprime ce qui se passe pendant toute cette durée, en particulier lorsqu'il s'agit d'un état, d'une impression, **toki** est employé seul. Lorsque la première proposition indique le cadre temporel à l'intérieur duquel a lieu de façon ponctuelle le procès exprimé par la seconde proposition, on emploie **toki ni**. De plus, **toki ni** implique souvent que la relation entre les deux propositions est conçue comme nécessaire, ou volontaire, conséquence du choix d'un moment déterminé pour accomplir le procès. Dans certains cas, les deux sont possibles, mais expriment une intention différente du locuteur.

Exemples › **nyû.in shite ita toki ichinichijû terebi o mite ita**

hospitalisation je-faisais quand toute-la-journée télé je-regardais

Quand j'étais à l'hôpital, je regardais la télé toute la journée.

kono kusuri wa nodo ga itai toki ni nonde kudasai

ce médicament gorge est-douloureuse quand avalez

Vous prendrez ce médicament quand vous aurez mal à la gorge.

kare ga genki na toki, kanojo wa yûutsu da

lui est-en-forme quand elle est-déprimée

Alors que lui est en forme, elle, est déprimée.

kare ga genki na toki ni, kanojo wa yûutsu da

lui est-en-forme quand elle est-déprimée

C'est quand lui est en forme qu'elle est déprimée.

ashita no pâtî ni iku toki atarashii doresu o kimasu

demain soirée je-vais quand est-neuve robe je-porterai

Quand j'irai à la soirée demain, je mettrai ma robe neuve.

ashita no pâtî ni iku toki ni atarashii doresu o kimasu

demain soirée je-vais quand est-neuve robe je-porterai

Je mettrai ma robe neuve quand j'irai à la soirée demain.

356 | Le mot **koro** signifie *moment approximatif*. Il devient un relateur, au sens de *quand, pendant la période où*. **koro** peut s'employer seul ou suivi de la particule **ni**. Comme pour **toki** (cf § 355), dans le premier cas (emploi seul), la proposition terminée par **koro** délimite une durée et la seconde exprime ce qui se passe pendant toute cette durée. Dans le cas de l'emploi de **ni**, la première proposition indique le cadre temporel à l'intérieur duquel a lieu le procès exprimé par la seconde proposition. De plus, dans ce cas, souvent la relation entre les deux propositions est conçue comme nécessaire ou est résultat d'un choix. Dans certains cas, les deux sont possibles, selon le point de vue adopté par le locuteur.

Exemples › **sensô ga hajimatta koro, watashi wa chiisakatta**

guerre a-commencé moment moi était-petit

Quand la guerre a commencé, j'étais encore petit.

shigoto ga owatte uchi ni kaeru koro, itsumo

travail est-fini maison je-rentre moment toujours

tsukarete imasu

je-suis-fatigué

Quand je rentre à la maison après le travail, je suis toujours fatigué.

sakura no saku koro ni nihon e ikimasu

cerisiers fleurissent moment Japon je-vais

Je vais au Japon quand les cerisiers sont en fleurs.

sensô ga hajimatta koro ni watashitachi wa inaka e
guerre a-commencé moment nous campagne
hikkoshita
avons–déménagé
Quand la guerre a commencé nous avons déménagé à la campagne.
hi ga noboru koro okimasu
soleil monte moment je-me-lève
Je me lève quand le soleil se lève. (coïncidence)
hi ga noboru koro ni okimasu
soleil monte moment je-me-lève
Quand le soleil se lève, je me lève. (volonté)
chiisai koro yasai ga daikirai datta
est-petit moment légumes étaient-détestés
Quand j'étais petit, je détestais les légumes.

357 | Le mot **mae** signifie *avant, devant*. Il devient un relateur, au sens de *avant que, avant de*. **mae** peut s'employer seul ou suivi de la particule **ni**. Dans le premier cas (emploi seul), il s'agit simplement d'indiquer la relation d'antériorité entre deux actions ou états. Dans le second cas (emploi suivi de **ni**), s'ajoute l'idée d'une nécessité ou la volonté de faire ces deux actions dans cet ordre. Parfois les deux sont possibles, selon le point de vue qu'adopte le locuteur.

Exemples › **kôjô ga dekiru mae, kono atari wa ta ya hatake deshita**
usine est-réalisée avant ces environs rizières champs c'était
Avant qu'on construise l'usine, cet endroit n'était que champs et rizières.
suidô ga dekiru mae wa,
eau-courante est-réalisé avant
dono ie mo ido no mizu o tsukatte imashita
toutes-les-maisons puits eau utilisaient
Avant qu'on installe l'eau courante, toutes les maisons utilisaient l'eau d'un puits.
taberu mae ni te o araimashô
on-mange avant mains lavons
On se lave les mains avant de manger.

kono kusuri wa neru mae ni nonde kudasai

ce médicament dormir avant avalez

Vous devez prendre ce médicament avant de dormir.

eiga ga hajimaru mae keitai no dengen o kitta

film commence avant portable source-d'électricité j'ai coupé

J'ai éteint mon portable avant que le film ne commence. (simple antériorité)

eiga ga hajimaru mae ni keitai no dengen o kitta

film commence avant portable source-d'électricité j'ai coupé

Avant que le film commence, j'ai éteint mon portable. (nécessité)

358 | Le mot **aida** signifie *intervalle*. Il devient un relateur, au sens de *pendant que*. **aida** peut s'employer seul ou être suivi de la particule **ni**. Dans le premier cas (emploi seul), il y a coïncidence de durée entre les deux procès exprimés par les deux propositions. Les verbes des deux propositions sont alors presque toujours à la forme en **-te iru/-te ita**. Dans le second cas, emploi suivi de **ni**, le procès exprimé par la proposition finale prend place à un certain moment du temps délimité par la première proposition.

Exemples › **hahaoya ga shokuji no junbi o shite iru aida**

mère repas préparatifs fait intervalle

kodomotachi wa soto de asonde ita

enfants dehors jouaient

Pendant que leur mère préparait le repas, les enfants jouaient dehors.

ie ni iru aida zutto terebi o mite iru

maison je-me-trouve intervalle sans-arrêt télé je-regarde

Quand (tout le temps que) je suis à la maison, je regarde la télé non-stop.

tomodachi to denwa de hanashite iru aida ni genkan no

ami téléphone je-parle intervalle entrée

beru ga natta

sonnette a-sonné

Alors que je parlais avec un ami au téléphone, la sonnette de l'entrée a sonné.

tôkyô ni iru aida ni zehi watashitachi no

Tôkyô vous-vous-trouvez intervalle à-tous-prix nous

ie ni asobi ni kite kudasai

maison venez-nous-voir

Venez absolument nous voir pendant que vous êtes à Tôkyô.

tonari no hito ga inai aida zutto shizuka deshita
voisinage être-humain n'est-pas-là intervalle tout-le-temps était-calme
C'était calme pendant que notre voisin était absent.
tonari no hito ga inai aida ni kôji o owarasete shimaô
voisin être-humain n'est-pas-là intervalle travaux finissons
Finissons les travaux pendant que notre voisin n'est pas là.

359 | Le mot **uchi** signifie *l'intérieur*. Suivi de **ni**, il devient relateur au sens de *pendant que, tant que*. La proposition terminée par **uchi ni** sert à délimiter la limite temporelle pendant laquelle l'action décrite dans la seconde proposition reste valable, se déroule ou doit se dérouler.

Exemples › **pari ni iru uchi ni dekiru dake ooku no bijutsikan ni ikitai**
Paris je-me-trouve pendant autant-que-possible beaucoup musées je-veux-aller
Je veux visiter autant de musées que possible tant que je suis à Paris.
sakura no hana ga chiranai uchi ni o-hanami ni ikimasen ka
cerisier fleurs ne-tombent-pas pendant contemplation-des-fleurs on-ne-va-pas
Et si on allait voir les fleurs tant que les cerisiers ne sont pas encore fanés.
akarui uchi ni kaetta hô ga ii desu yo
est-clair pendant revenir du-côté-de-c'est-mieux
Il vaut mieux rentrer tant qu'il fait encore jour.
atatakai uchi ni sûpu o nomimashô
est-chaud pendant potage buvons
Buvons notre potage tant qu'il est chaud.
chichi no shigoto o mite iru uchi ni jibun mo daiku ni naritaku natta
mon-père travail je-regarde pendant moi-même charpentier j'ai-voulu-devenir
C'est en regardant mon père travailler que j'ai décidé de devenir charpentier moi aussi.

360 | Le mot **ato** signifie *trace, suite*. Il devient un relateur, au sens de *après que*. Il est toujours précédé d'une forme en **-ta** de l'accompli. Il permet d'indiquer la succession de deux actions. Il peut s'employer seul ou être suivi de **ni**, dans les deux cas le sens reste le même.

Exemples › **oyatsu wa, shukudai ga owatta ato/ato ni ageru yo**

goûter devoirs seront-finis après je-te-donne

Tu auras ton goûter quand tu auras fini tes devoirs.

kyôkai ni tsuite no setsumei o kiita ato/ato ni

église au-sujet-de explications ont-écouté après

kankôkyaku wa naka ni haitta

touristes intérieur sont-entrés

Après avoir écouté les explications concernant l'église, les touristes y entrèrent.

361 | Le mot **tabi** signifie *fois*. Employé de façon courante, suivi de **ni**, il devient un relateur exprimant, soit la répétition *chaque fois que*, soit la progression *au fur et à mesure que*.

Exemples › **kono kyoku o kiku tabi ni, mukashi o omoidashimasu**

ce morceau j'écoute chaque-fois autrefois je-me-souviens

Chaque fois que j'écoute ce morceau, je me souviens [des jours] d'autrefois.

toshi o toru tabi ni chikara wa otoroete ikimasu

années on-prend chaque-fois forces vont-en-déclinant

Au fur et à mesure qu'on vieillit, les forces vont en déclinant.

362 | La particule **made** *jusqu'à* devient un relateur exprimant une limite temporelle. Employé seul, il indique que la durée ou la réalisation des deux procès sont conditionnées l'une à l'autre *jusqu'à ce que*. Quand **made** est suivi de **ni**, il indique le moment avant lequel un procès doit avoir eu lieu *avant que* (cf § 43).

Exemples › **kodomo ga dekiru made shigoto wa yamemasen**

enfant se-forme jusqu'à travail je-n'arrête-pas

Je ne cesserai pas de travailler jusqu'à ce que j'attende un enfant.

shiai ni deru made ni ato san kiro genryô-

match tu-sors jusqu'à encore trois kilos perte-de-poids

shinakereba narimasen

il-faut-faire

Avant ton match (litt. : *avant de sortir pour ton match*), *tu dois encore perdre trois kilos.*

ooki na ki ni naru made ni wa, nan-jû-nen mo

est-grand arbre devient jusqu'à un-nombre indéterminé-d'année

kakarimashita

ça-a-pris

Cela a pris des dizaines d'années jusqu'à ce qu'ils deviennent de grands arbres.

363 | Tous ces termes : **toki, koro, mae, aida, uchi, ato, tabi** restant des noms, il est possible de relier toute la proposition par **no** à un autre nom (cf § 134). Il en allait de même pour la particule **made** (cf § 139).

Exemples › **kondo wa taifû ga kita toki no koto o hanashimasu**

cette-fois typhon est-venu temps choses je-raconte

Je vais maintenant vous raconter ce qui s'est passé quand le typhon est arrivé.

nôka no hitotachi wa, inekari ga sunda ato no ta no

fermes gens moisson est-finie après rizières

tsukurikata o iroiro to kufû shite imasu

façon-de-fabriquer diversement moyens font

Les paysans cherchent toutes sortes de moyens pour traiter les rizières après que la moisson ait été faite.

gakkô ga hajimatte kara owaru made no jikan wa

école depuis-qu'elle-commence elle-finit jusqu'à temps

dore dake desu ka

combien mesure c'est

Il se passe combien de temps entre le début et la fin de l'école ? (litt. : *après que l'école ait commencé jusqu'à ce qu'elle se termine ?*)

Chap. 3 › **RELATION ENTRE UN BUT ET UN MOYEN**

364 | Deux possibilités :
1) le relateur est un nom. Les conditions sont les mêmes que pour les propositions circonstancielles de temps, c'est à dire celles de la détermination (cf § 286, 287, et § 354).
2) le relateur est une particule de second cercle. Elle est obligatoirement précédée d'une forme de degré moins.

365 | Le mot **tame** signifie *action orientée*. Il devient un relateur dans son sens 1 (cf § 316), avec la valeur de *afin de, pour*. La proposition terminée par **tame** exprime le bénéfice que l'on veut obtenir, le but recherché par la réalisation du procès exprimé par la proposition terminale. Il peut être suivi de la particule **ni**. Dans ce cas, s'ajoute l'idée que la proposition en **tame ni** exprime un procès qui justifie l'action de la proposition terminale. **tame ni** peut être suivi de **wa** ou de **mo**. **tame** étant un nom, la proposition qui le précède doit répondre aux conditions de la proposition déterminante (cf § 286, 287).

Exemples › **ie o kau tame chokin o shimasu**
maison acheter afin économies je-fais
Je fais des économies pour acheter une maison.
ie o kau tame ni chokin o shimasu
maison acheter afin économies je-fais
C'est pour acheter une maison que je fais des économies.
daigaku ni hairu tame ni, isshokenmei benkyô-shimasu
université entrer afin de-toutes-mes-forces étude je-fais
C'est pour entrer à l'université que je travaille de toutes mes forces.

tame restant un nom il est possible de relier à un autre nom par **no** la proposition qu'il termine :

Exemple › **kore wa, atarashii kisetsu o mukaeru tame no gyôji desu**
ceci est-nouvelle saison se-tourner-vers afin fête c'est
C'est une fête pour célébrer l'entrée dans la nouvelle saison.

L'ordre des termes peut être inversé. **tame** est alors directement suivi de l'actualisateur :

Exemples › **kono gyôji wa, atarashii kisetsu o mukaeru tame desu**

cette fête est-nouvelle saison se-tourner-vers afin c'est

Cette fête, c'est pour célébrer la nouvelle saison.

chokin o suru no wa ie o kau tame desu

économies je-fais maison acheter afin c 'est

Si je fais des économies (litt. : *faire des économies*) *c'est pour acheter une maison.*

366 | La particule **ni**, combinée avec la particule **wa** dans son emploi de pointage faible :

ni wa, devient un relateur au sens de *afin de, pour*. La proposition terminée par **ni wa** exprime le but recherché et la proposition terminale un moyen possible. Devant **ni** on emploie obligatoirement une forme de degré moins.

Exemples › **kioku o yoku suru ni wa naniyori mo oboeyô to iu**

mémoire bien faire pour plus-que-tout retenons

iyoku o motsu koto desu

volonté posséder c'est

Pour améliorer sa mémoire, il faut avant tout avoir la volonté de se souvenir.

omosa o hakaru ni wa, hakari o tsukaimasu

poids mesurer pour balance on-utilise

Pour mesurer le poids, on utilise une balance.

367 | Une proposition nominalisée par **no** suivie de **ni** peut devenir une proposition exprimant un but. La relation entre les deux propositions est la suivante : il s'agit de réaliser une opération déterminée (proposition en **no ni**), et pour cela, certaines conditions et procédures (proposition terminale) sont nécessaires. Devant **no** on emploie obligatoirement une forme de degré moins (cf § 302).

Exemples › **yama de kitta ki o hakobu no ni torakku o tsukaimasu**

montagne on-a-coupé arbres tranporter pour camions on-utilise

Pour transporter les arbres qu'on a coupés dans la montagne, on utilise des camions.

yama no oku made iku no ni ni jikan gurai kakarimasu

montagne fond aller pour deux heures environ cela-prend

Pour aller jusqu'au fin fond de la montagne, il faut deux heures.

atarashii mono o arawasu no ni atarashii kotoba ga

sont-nouveaux objets exprimer pour sont-nouveaux mots

tsukawareru yô ni naru

sont-utilisés on-en-arrive-à

Pour exprimer de nouveaux objets, on doit utiliser de nouveaux mots.

368 | Le mot **yô** signifie *forme, aspect, apparence* (cf § 301). Suivi de la particule **ni**, il devient un relateur : **yô ni** *afin que, pour que*. La proposition terminée par **yô ni** exprime le but recherché, la proposition terminale exprimant le moyen utilisé : il y a recherche volontaire du moyen adéquat pour atteindre un but bien défini.

Exemples › **toori kara mo mieru yô ni shô.uindo mo kazarimasu**

rue sont-visibles afin vitrines ils-décorent

Ils décorent en plus leurs vitrines pour qu'on les voie aussi de la rue.

minato de wa, fune ga nagasarenai yô ni futoi tsuna de

port bateaux ne-sont-pas-emportés afin sont-épais filins

tsunagimasu

on-attache

Dans les ports, on amarre les bateaux avec de gros filins pour qu'ils ne soient pas emportés.

Chap. 4 ›

DÉPENDANCE LOGIQUE OU/ET CHRONOLOGIQUE

369 | Un rappel : cette relation peut être exprimée par l'emploi de la forme en **-te** ou équivalent (cf § 350, 351).

370 | Il existe une série de relateurs spécifiques servant à exprimer un lien de dépendance logique ou/et chronologique entre deux faits. Une fois le premier fait posé dans la proposition terminée par le relateur, le second en découle ou se constate dans la proposition terminale. On peut reconnaître une gradation dans le degré de réalité du fait posé dans la première proposition.

371 | Le relateur est un suffixe **-ba** dont l'emploi indique :

• que le fait évoqué dans la proposition qu'il termine est présenté comme une hypothèse. On est dans le domaine du virtuel : *imaginons que ce fait se produise, alors...* Cette valeur peut être renforcée par la présence du mot **moshi** *si*.

Exemples › **hima sae areba, ironna atarashiku taterareta**

temps si-j'avais toutes-sortes récemment ont-été-construits

tatemono o mite arukitai to omoimasu

bâtiments en-regardant je-veux-marcher je-pense

Si seulement j'avais du temps, je pense que j'irais me promener en regardant tous les bâtiments récemment construits.

moshi jin.in ga ni-bai ni nareba, tashika ni shigoto mo

si personnel deux-fois si-devenait sûrement travail

hayaku dekiru yo

vite est-possible

Si on doublait le personnel, le travail pourrait évidemment être fait plus rapidement.

• que ce fait est posé comme une nécessité pour que le second puisse s'accomplir.

Exemple › **mô sukoshi teinei ni yomeba sugu wakaru yo**

un-peu-plus avec-soin si-tu-lis tout-de-suite est-compréhensible

Si tu lisais un peu plus attentivement, tu comprendrais tout-de-suite.

• Dans un récit au passé, on trouve un emploi particulier de la forme en **-ba** qui exprime alors la condition qui a présidé à la suite.

Exemple › **mireba, sono ko wa watashi no yoku shitte iru ko deshita**

si-je-regarde, cet enfant moi bien je-connais enfant c'était

À y regarder, il s'agissait d'un enfant que je connaissais bien.

Un rappel : c'est ce suffixe **-ba** qui est utilisé dans l'expression de l'obligation (cf § 275).

372 | Le suffixe **-ba**, s'attache aux mots noyaux dans les conditions suivantes :

– verbes unibases : base (cf § 12) + **-re** + **-ba**

Exemple › **miru** *regarder* : **mi-re-ba** *si je (tu...) regardais*

– verbe multibases : radical (cf § 13) + voyelle **e** + **-ba**

Exemple › **yomu** *lire* > radical **yom-** + **e** + **-ba** > **yom-e-ba** *si je (tu...) lisais*

– pour les verbes irréguliers : **suru** *faire* > **sure-ba** *si je (tu...) faisais*, **kuru** *venir* > **kure-ba** *si je (tu...) venais.*

– adjectif en **-i** : radical (cf § 76) + **kere** + **-ba**

Exemple › **chikai** est proche : radical **chika-** > **chika-kere-ba** *si c'était près*

– adjectif invariable : adjectif + forme issue du doublet de **aru** > **de ar-e-ba**

Exemple › **shizuka desu** *est tranquille* : **shizuka de areba** *si c'était tranquille*

– actualisateur : forme issue du doublet de **aru** > **de ar-e-ba**

Exemple › **neko desu** *je suis un chat* > **neko de areba** *si j'(tu...)étais un chat*

Dans ces deux derniers cas, adjectif invariable et nom, la forme **de areba** relève d'un langage soutenu ou écrit. Elle est remplacée par un autre relateur **nara** (cf § 375).

À noter **-ba** peut s'ajouter au **-masu** du degré moyen dans les mêmes conditions que pour les verbes unibases : **masu** + **-re** + **-ba** > **masureba**. Mais cette forme, archaïque, est d'usage uniquement écrit, dans un style particulier.

373 | Une formule servant à exprimer le regret est constituée d'un verbe en **-ba** + **yokatta**, litt. : *si..., c'était (c'aurait été) bien* > *j' (tu ... on) aurais dû*.

Exemple › **motto hayaku kureba yokatta**

plus tôt si-j'-étais-venu c'était-bien

J'aurais dû venir plus tôt. (litt. : *si j'étais venu plus tôt, c'aurait été bien*)

374 | Un verbe, un adjectif, à la forme en **-ba** entrent dans une locution *plus... plus...* : [verbe/adjectif en **-ba** + le même verbe ou adjectif + **hodo**] : **hayakereba hayai hodo** (litt. : *plus c'est tôt...,plus...*).

Exemples › **renshû o sureba suru hodo jôzu ni narimasu**

exercices plus-tu-feras habile tu-deviendras

Plus tu t'entraîneras, plus habile tu deviendras.

hayakereba hayai hodo ii

plus-c'est-tôt c'est-bien

Le plus tôt sera le mieux.

375 | Un relateur **nara** peut s'employer directement après un verbe, un adjectif en **-i**, un adjectif invariable ou un nom. Le verbe ou l'adjectif sont obligatoirement à une forme de degré moins. **nara** est dérivée de **naraba**, forme ancienne en **-ba** de l'actualisateur, équivalant à **de areba**. Son emploi est donc similaire à celui des formes en **-ba** : *imaginons que... alors...*

Après un adjectif invariable ou un nom seulement, il est aussi possible d'employer **naraba**.

Exemples › **watashi nara/naraba sono shigoto wa shinai deshô**

moi si-c'était ce travail je-ne-ferais-pas

Si c'était moi, je n'accepterais pas ce travail.

moshi hitsuyô nara/naraba watashi ga ikimasu

si nécessaire si-c'était moi j'irai

Si c'est nécessaire, j'irai.

anata ga sô omou nara boku wa sansei-dekinai

toi ainsi si-tu-penses moi accord je-ne-peux-pas-faire

Si c'est ce que tu penses, moi je ne peux pas être d'accord.

seikô-shitai nara, motto majime ni

succès si-tu-veux-faire, plus sérieusement

benkyô-shinakereba naranai

étude il-faut-faire

Si tu veux réussir, il faudrait travailler plus sérieusement.

nara étant une forme de l'actualisateur et suivant donc normalement un nom, le verbe ou l'adjectif précédant **nara** peut être nominalisé par **no**.

Exemples › **moshi o-kane ga nai no nara watashi ga kashimasu yo**

si argent n'existe pas si-c'était-que moi je-prête

Si tu n'as pas d'argent, je t'en prête !

moshi shitsumon ga aru no nara, enryonaku itte kudasai

si questions existent si-c'est-que sans-réticence dites

Si vous avez des questions, dites-le sans vous gêner.

Ce mot **nara** entre dans la composition d'expressions figées : **sore nara** *alors, dans ce cas* litt. : *s'il en est ainsi* ; **naze nara** *si on se demande pourquoi...*

376 | Le relateur est un suffixe **-tara** qui permet de poser une condition préalable à la réalisation d'un fait, condition qui a été déjà réalisée ou que l'on considère comme déjà réalisée. La relation peut être simplement logique : *dans le cas où on fait... voilà ce qui va en découler/voilà ce que qu'on pourra constater*. Mais il peut aussi s'y mêler une dimension temporelle : *quand se passe/se passera/s'est passé ce fait... voilà ce qui en découle/en découlera/en a découlé, voilà ce qu'on constate/constatera/a constaté*.

Exemples › **kûkô ni tsuitara sugu yamasaki-san ni denwa o shimasu**

aéroport une-fois-arrivé tout-de-suite Yamasaki téléphone je-ferai

J'appelerai YAMASAKI dès que j'arriverai à l'aéroport.

hashigo ni nottara, daredemo tenjô ni sawaremasu

échelle quand-on-monte n'importe-qui plafond peut-toucher

À condition de monter sur une échelle, n'importe qui peut toucher le plafond.

ookiku nattara, shobôshi ni naritai to musuko ga
grand quand-je-deviens pompier je-veux-devenir mon-fils
itte imasu
dit
Mon fils dit que quand il sera grand, il veut être pompier.
fune ni ana ga aitara, mizu ga haitte, shizunde shimau
bateau trou si-s'ouvre eau entre il-finit-par-couler
n da yo
c'est que
S'il se forme un trou dans le bateau, l'eau rentre et il finira par couler.
kyôshitsu ni haittara, totsuzen minna ga waraidashita
classe quand-je-suis-entré tout-à-coup tous ont-commencé-à-rire
Quand je suis entré dans la classe, ils ont tous éclaté de rire.

377 | Le suffixe **-tara** s'attache aux mots noyaux dans les conditions suivantes :

– verbes : mêmes conditions que la forme en **-ta** (cf § 12, 14)
Exemples › **hanasu** > **hanashitara**, **aruku** > **aruitara**, **yomu** > **yondara**, **iku** > **ittara**

– adjectif en **-i** : mêmes conditions que la forme en **-ta** (cf § 77)
chikai > **chika-kattara**

– adjectif invariable : adjectif + **dattara**
shizuka > **shizuka dattara**

– actualisateur : **da** > **dat-tara** ou forme issue du doublet : **de at-tara** (style écrit)

À noter Dans un style particulier très poli, le suffixe **-tara** peut s'ajouter à la forme en **-masu** dans les mêmes conditions que le suffise **-ta** (cf § 10) : **-masu** > **mashi-ta**, **-masu** > **mashi-tara**. De même pour l'actualisateur, **-tara** peut s'ajouter à **desu** : **desu** > **deshi-ta, desu** > **deshi-tara.**

378 | Le relateur **to** termine une proposition avec deux contraintes fortes :

1) Il doit toujours être précédé d'une forme degré moins du verbe, de l'adjectif ou de l'actualisateur.
2) Il ne peut s'agir que de la forme atemporelle (cf §10).

L'emploi de **to** permet d'exprimer une concomitance. La valeur temporelle de **to** est forte. Les deux faits reliés par **to** sont d'abord des états de faits ou des faits constatés au même moment.

Il y a entre eux :

• soit une simple relation de coïncidence temporelle : au moment où se produit un fait ou au moment où l'on fait une action, on constate l'existence d'une situation :

Exemples › **me ga sameru to, ii tenki no asa deshita**
yeux s'ouvrent quand est-beau temps matin c'était
Quand j'ai ouvert les yeux, c'était un matin de beau temps.

michiko ga dete iku to chiisai kodomo ga akai baggu o
Michiko est-sortie quand est-petit enfant est-rouge sac
motte naite imashita
portant était-en-train-de-pleurer
Quand Michiko est sortie, un petit enfant portant un sac rouge se tenait là en train de pleurer.

• soit l'extrême proximité temporelle de deux actions :

Exemple › **akiko wa, niwa ni deru to, chôchô o oikakete**
Akiko jardin sort quand papillons poursuivant
hashirimashita
a-couru
Akiko, sortie dans le jardin, se mit à courir après les papillons.

• soit la relation d'une condition existante ou supposée à une situation constatée, de façon générale, ou dans un contexte donné.

Exemples › **kono sakuhin o yomu to, jûji no kimochi ga watashitachi**
cette œuvre on-lit quand Jûji sentiments nous
no kokoro ni hibiite kimasu
cœur résonnent
Lorsqu'on lit cette œuvre, les sentiments de Jûji résonnent dans notre cœur.

kesa no nyûsu ni yoru to, korekara satô-san ga shushô ni
ce-matin nouvelles on s'appuie si désormais Satô premier-ministre
shûnin-suru sô desu
prise-de-poste fait il-paraît
D'après (litt. : *si on se fonde sur*) *les nouvelles de ce matin, il paraît que SATÔ va prendre le poste de premier ministre.*
kumori no hi da to, yama ga mienaku narimasu
couvert jour c'est si/quand montagne ne-pas-être-visible devient
Les jours de temps couvert, on ne voit plus la montagne.
tenki ga ii to, yama ga hakkiri miemasu
temps est-beau quand montagnes nettement sont-visibles
Quand il fait beau, on voit nettement les montagnes.

Il peut s'agir d'une situation isolée mais aussi d'une situation répétitive :

Exemples › **gakkô kara kaeru to, mainichi, terebi no mae ni suwari,**
école je-rentre quand tous-les-jours télé devant je-m'assieds
suitchi o irete shimasu
bouton je-fais-rentrer
Quand je rentre de l'école, tous les jours, je m'assois devant la télé et je l'allume.
san ni yon o tasu to nana ni narimasu
trois quatre on-ajoute quand sept devient
Trois plus quatre égale sept. (litt. : *quand/si on ajoute quatre à trois on obtient sept*)
haru ni naru to sakura no hana ga sakihajimemasu
printemps devient quand cerisiers fleurs commencent-à-fleurir
Quand le printemps arrive, les cerisiers commencent à fleurir.

Chap. 5 ›
RELATION DE CAUSE À CONSÉQUENCE

379 | Le mot **tame** signifie *action orientée*. Il devient un relateur dans son sens 2 (cf § 316), avec la valeur de *parce que, comme*. La proposition terminée par **tame** exprime de façon objective, une relation évidente de cause à effet. **tame** peut être suivi de la particule **ni** avec une valeur équivalente. **tame ni** peut être suivi de **wa** ou de **mo**.

Le mot **tame** étant un nom, la proposition qui le précède doit répondre aux mêmes conditions qu'une proposition déterminante (cf § 286, 287).

Exemples › **nebô shita tame/tame ni, densha ni noriokureta**

j'ai-traîné-au-lit parce-que train j'ai-été-en retard-pour-monter

Comme j'ai traîné au lit, j'ai manqué mon train.

kyonen no natsu wa taihen atsukatta tame/tame ni,

année-dernière été très a-été-chaud parce-que

senpûki ga yoku ureta

ventilateurs bien on-a-vendu

Comme l'été de l'année dernière a été très chaud, il s'est vendu beaucoup de ventilateurs.

À noter si **tame** est précédé d'une proposition à noyau [nom + actualisateur], ou à noyau [adjectif invariable + actualisateur], l'actualisateur doit prendre la forme **na** (cf § 70) :

Exemple › **kazan ga bakuhatsu-shisô na tame/tame ni fukin no**

volcan éruption prêt-à-faire parce-que, voisinage

jûmin ni hinan kankoku ga deta

habitants évacuation avis est-sorti

Le volcan étant prêt à entrer en éruption, un avis d'évacuation a été lancé auprès des habitants du voisinage.

380 | Le relateur **node** est originellement composé de la particule **no** dans sa fonction de nominalisation (cf § 303 à 307), et de la forme en **de** de l'actualisateur. La proposition qu'il termine est donc soumise aux conditions de la détermination (cf § 286, 287). Le sens est celui de **no desu** (cf § 119), c'est à dire celui de l'explication, de la justification. Littéralement cette combinaison signifie *étant donné que*. La proposition terminée par **node** exprime un état de fait ou un acte et la proposition terminale exprime les conséquences qui en découlent, vues de façon objective.

Exemples › **sabishii node, hayaku neru koto ni shimashita**

me-sens-seul comme, vite dormir j'ai-décidé

Comme je me sentais bien seul, j'ai décidé de me coucher tôt.

gesui o kawa ni nagashite iru tokoro mo aru node

égouts rivière on-déverse lieux existent parce-que

kawa ga yogorete imasu

rivière est-polluée

Comme il y a des endroits où on déverse les égouts dans la rivière, elle est polluée.

kono mise no sakana wa yasui node okaasan wa

ce magasin poisson est-bon-marché parce-que ma-mère

itsumo koko de sakana o kaimasu

toujours ici poisson achète

Comme le poisson de ce magasin est bien frais, ma mère y achète toujours son poisson.

À noter si **node** est précédé d'une proposition à noyau [nom + actualisateur] ou à noyau [adjectif invariable + actualisateur], l'actualisateur doit prendre la forme **na** (cf § 70) :

Exemple › **kaneda-san wa yûshû na seito na node tashika ni**

Kaneda M. est-brillant élève c'est parce-que sûrement

shiken ni ukaru deshô

concours va-être-reçu

Comme KANEDA est un élève brillant, il va sûrement être reçu au concours.

Cependant, du fait de sa proximité de sens avec le relateur **kara** (cf § 389), la différence d'emploi entre **node** et **kara** a tendance à s'estomper, et **node** à perdre sa spécificité. L'origine de **node** est oubliée et **node** est traité comme un relateur du même type que **kara**, **kara** et **node** devenant équivalents. Il n'est donc plus si strictement soumis aux contraintes des propositions déterminantes, en particulier dans le langage parlé. Il pourra être précédé de formes de degré moyen.

Exemple › **kyô wa totemo atsui desu node, soto e deru ki ga shimasen**

aujourd'hui très c'est-chaud parce-que dehors je-sors esprit ne-fait-pas

[comme] Aujourd'hui il fait trop chaud, je n'ai pas envie d'aller dehors.

381 | Le mot **ue** signifie *le dessus*. Suivi de **de** (**wa**), il devient relateur au sens littéral de *en prenant comme base le fait que*. La proposition terminée par **ue de** exprime une action préliminaire ou des circonstances grâce à laquelle ou auxquelles ce qui est exprimé dans la proposition terminale est rendu possible ou est souhaité. Dans un style soutenu, à l'écrit **ue** peut s'employer seul.

Exemples › **bunpô o benkyô shita ue de hajimete shinbun ga**

grammaire étude j'ai-fait du-fait-que pour-la-première-fois journaux

yomeru yô ni narimashita

j'ai-pu-lire je-suis-devenu

C'est parce que j'ai étudié la grammaire que je suis devenu capable de lire les journaux.

minna no iken o kiita ue de kimemashita

tous opinion j'ai-écouté du-fait-que j'ai-décidé

J'ai pris ma décision après avoir écouté les opinions de chacun.

supôtsu o suru ue de wa rûru o sonchô-suru koto ga

sport on-fait du-fait-que règles respect faire

mottomo taisetsu na koto desu

le-plus est-importante chose c'est

Respecter les règles quand on fait du sport, est la chose la plus importante.

Le mot **ue** étant un nom, l'expression **ue de** peut être utilisée comme déterminant d'un autre nom (cf § 139) :

Exemple › **yoku kangaeta ue de no koto desu**

bien j'ai-réfléchi du-fait-que chose c'est

C'est ce qui est apparu suite à une profonde réflexion.

Chap. 6 ›
RELATION DE CONTRADICTION

382 | Le relateur **noni**. La proposition terminale exprime un état de fait ou un acte, et la proposition terminée par **noni** présente une condition qui aurait dû objectivement s'opposer à la réalisation de cet état de fait ou cet acte : *bien que, malgré le fait que*. La proposition qui précède **noni** doit répondre aux conditions de la proposition déterminante (cf § 286, 287).

Exemples › **otôto wa atatakai noni kôto o kite imasu**

mon-jeune-frère fait-chaud bien-que manteau il-porte

Bien qu'il fasse chaud, mon petit frère a mis un manteau.

hitsuji no ban wa ookami ga inai noni « ookami ga kita,

moutons gardien loup ne-se-trouve-pas bien-que loup est-venu

ookami ga kita » to sakebu kuse ga atta.

loup est-venu il-crie manie existait

Le berger, bien qu'il n'y ait pas de loup, avait pris l'habitude de crier « Au loup ! Au loup ! ».

ore wa ima made konna ni nagai aida hataraite kita noni,

moi maintenant ainsi est-long intervalle j'ai travaillé bien-que

minna ga ore o baka ni suru

tous moi imbécile font

Bien que je n'aie pas cessé de travailler tout ce temps, tout le monde se moque de moi.

À noter si **noni** est précédé d'une proposition à noyau [nom + actualisateur] ou à noyau [adjectif invariable + actualisateur], l'actualisateur doit prendre la forme **na** (cf § 70) :

Exemples › **kaneda-san wa yûshû na <u>noni</u> nyûgaku shiken ni ochimashita**

Kaneda-M. brillant c'est bien-que entrée-à-l'université concours a-échoué

Bien qu'il soit brillant, KANEDA a échoué au concours d'entrée à l'université.

jû-ni-gatsu na <u>noni</u> mada atatakai desu

décembre c'est bien-que encore il-fait-chaud

Bien qu'on soit en décembre, il fait encore chaud.

noni utilisé comme une terminaison de phrase permet <u>d'exprimer des reproches</u> à quelqu'un :

Exemple › **motto hayaku kureba yokatta noni...**

plus tôt si-tu-étais-venu c'était-bien bien-que

Tu aurais dû venir plus tôt !

383 | Le relateur **temo** s'ajoute au mot noyau terminal de la proposition dans les mêmes conditions que **-te** (cf § 12 à 14, § 77). Dans la proposition terminée par **temo**, des circonstances sont exprimées qui normalement devraient produire la réalisation de ce qu'exprime la proposition terminale, mais qui en fait restent sans effet : *même si, on a beau...*

Exemples › **mizu wa osaetemo chijimimasen**

eau même-si-on-presse ne-se-comprime-pas

On a beau presser l'eau, elle ne se comprime pas.

onaji kanji o tsukattemo, kotoba ni yotte okurigana no

est-identique kanji même-si-on-utilise mots selon okurigana

tsukekata ga chigaimasu

manière-d'attacher est-différente

Même si on utilise le même kanji, selon les mots, la manière d'écrire les okurigana est différente.

384 | Cet emploi de **temo** comme relateur ne doit pas être confondu avec un autre emploi où la particule **mo** suit un ensemble formé d'un mot interrogatif et d'un verbe à la forme en **-te**, qui relève de la formation des mots indéfinis (cf § 169). Il s'agit de former des expressions indéfinies complexes : *quel(le) que soit le/la... où/que/qui...*

Exemples › **doko o muite mo umi to sora bakari desu**

où-que-ce-soit je-me-tourne mer ciel seulement c'est

Quel que soit l'endroit vers lequel je me tourne, ce n'est que mer et ciel.

dare ga kite mo doa o akenaide ne

qui-que-ce-soit vient porte n'ouvre-pas

Qui que ce soit qui vienne, n'ouvre pas la porte.

donna kotoba de hanashite mo sono hito wa hitokoto

quelle-que-soit langue on-parle ce être-humain un-mot

mo wakarimasen deshita

n'était-pas compréhensible

Quelle que soit la langue dans laquelle on lui parlait, l'homme ne comprenait pas un seul mot.

385 | Le relateur **keredomo** permet au locuteur d'exprimer l'opposition qu'il met entre deux faits *bien que, et pourtant*. Le locuteur estime qu'il n'obtient pas le résultat attendu ou il met en relation deux faits qui, pour lui, devraient s'opposer.

Dans le langage familier, il peut prendre les formes **keredo** ou **kedo**. Il n'y a aucune contrainte sur l'organisation de la proposition terminée par **keredomo/keredo/kedo**. Cependant les formes **keredo** et **kedo** relevant du langage familier sont le plus souvent précédées d'un forme de degré moins.

Exemples › **isshokenmei benkyô-shita kedo shiken wa dame deshita**

de-toutes-mes forces étude j'ai-fait bien-que examen raté c'était

Bien que j'aie travaillé de toutes mes forces, j'ai raté l'examen.

tahichi ryokô wa totemo takai desu keredomo

Tahiti voyage très est-cher bien-que

atashi wa zehi ichido ikitai desu

moi absolument une-fois je-veux-aller

Bien que le voyage à Tahiti soit cher, je veux absolument y aller un jour.

sugoku nemukatta keredo hayaku nemuremasen deshita

énormément étais-ensommeillé bien-que vite je-n'ai-pas-pu-dormir

J'avais très envie de dormir et pourtant je n'ai pas pu m'endormir tôt.

386 | L'absence de contraintes pour la préposition terminée par **keredomo** montre que cette proposition jouit d'une certaine autonomie syntaxique. De fait, il serait possible de <u>transformer facilement l'ensemble en deux phrases</u>. Il suffit de couper avant **keredomo** qui vient ainsi se placer en tête de la deuxième phrase. Le deuxième exemple du § 385 pourrait se dire :

Exemple › **tahichi ryokô wa totemo takai desu.**

tahiti voyage très est-cher

keredomo atashi wa zehi ichido ikitai desu

pourtant moi absolument une-fois je-veux-aller

Le voyage de Tahiti est cher.

Et pourtant je veux absolument y aller un jour.

Chap. 7 ›

RELATION D'ADDITION

387 | Un rappel : cette fonction peut être assurée par la forme en **-te** ou ses équivalents (cf § 350).

388 | Le relateur **shi** permet d'insister sur l'accumulation de faits qui vont dans le même sens.

Il n'y a aucune contrainte sur l'organisation de la proposition terminée par **shi**. Puisqu'on est dans la surenchère, on trouve souvent employé dans chaque proposition la particule **mo** (cf § 61, 62). La dernière proposition est souvent une sorte de synthèse, de conclusion.

Exemple › **soto mo sugoku kurakatta** shi, **ame mo zâzâ futte ita** shi,

dehors extrêmement était-sombre pluie en-trombe tombait

kaze mo hageshiku fuite ita shi, **ie no naka mo totemo**

vent violemment soufflait maison intérieur très

samukatta shi, **taihen osoroshii yoru deshita**

était-froid très est-terrible soirée c'était

Dehors il faisait terriblement sombre, la pluie tombait averse, le vent soufflait violemment, dans la maison il faisait très froid, c'était une soirée épouvantable.

Chap. 8 › **EXPLICATION**

389 | <u>Le relateur **kara**</u>. Dans la proposition terminée par le relateur **kara**, le locuteur explique la raison qu'il donne de ce qui est exprimé dans la proposition terminale. Il n'y a aucune contrainte sur l'organisation de la proposition terminée par **kara**.

Exemples › **kinô ame ga futte ita kara ensoku o yamemashita**

hier pluie tombait parce-que sortie on-a-cessé

Hier, comme il pleuvait, on a supprimé la sortie.

kaji wa ichiban kowai kara, hi no moto ni wa jûbun ni

incendie le-plus est-à-craindre parce-que feu origine suffisamment

chûi o shite ne

attention faites

Comme c'est l'incendie qu'il faut craindre le plus, faites bien attention aux départs de feu.

À noter une construction particulière : **kara da/desu**. L'explication peut se faire en deux temps. Une première phrase pose les faits à expliquer, et une seconde phrase donne l'explication. Cette seconde phrase se termine par **...kara da/desu** (litt. : *c'est parce que...*). Dans ce cas, la forme du mot noyau qui précède **kara** doit être une forme de degré moins.

Exemple › **nakamura-san wa issho ni yama e ikimasen deshita.**

Nakamura ensemble montagne n'est-pas-allé.

byôki <u>datta</u> kara desu

maladie c'était parce-que c'est

NAKAMURA n'est pas venu avec nous à la montagne. C'est parce qu'il était malade.

Dans ce cas, souvent en langue parlée quand la phrase se termine par une particule de modalité (cf § 93 à 101), le **da** est ellidé : **kara ne, kara yo**.

Exemple › **chiketto ga takakatta kedo, ikeda mayumi no konsâto ni**

tickets étaient-chers bien-que Ikeda Mayumi concert

ikimashita. atashi wa ikeda no fan <u>da</u> kara yo

je-suis-allé moi Ikeda fan c'est parce que

Les tickets étaient chers, mais je suis quand même allée au concert d'IKEDA Mayumi. C'est que je suis une fan d'IKEDA.

Chap. 9 ›

LE RELATEUR ga

390 | Le relateur **ga** sert à instaurer entre deux propositions toute une gamme de relations. On peut dire que fondamentalement **ga** n'a pas de signification en lui-même mais sert simplement à mettre en présence les contenus de deux propositions, la valeur qu'il prend dépend de ces contenus. Chaque proposition pourrait être une phrase indépendante, mais le locuteur choisit d'indiquer qu'il fait un lien entre ces deux ensembles. Dans tous les cas, il n'y aucune contrainte dans l'organisation des propositions concernées.

• La relation peut être une simple mise en parallèle d'états ou actes relevant du même domaine mais différents :

Exemple › **yadoya wa kawarayane no ooki na tatemono deshita ga,**
relais toit-de-tuiles sont-grands bâtiments c'étaient
taitei no ie wa warayane ya itayane deshita
ordinaires maisons toits-de-chaume toits-de-bardeaux c'était
Les relais étaient de vastes bâtiments aux toits de tuiles, et les maisons ordinaires avaient des toits de chaume ou de bardeaux.

• La relation peut aller jusqu'à l'opposition si les états de faits ou actes sont dans une relation de contraires : souvent une affirmation et une négation.

Exemples › **sabaku ni wa michi ga atta ga, mizu ga nakatta**
désert routes se-trouvaient eau ne-se-trouvait-pas
Dans ce désert, il y avait des routes mais il n'y avait pas d'eau.
hana wa saite imasu ga ha ga mada dete imasen
fleurs sont-fleuries feuilles pas-encore ne-sont pas sorties
Les fleurs sont épanouies, mais les feuilles ne sont pas encore sorties.

• Il peut s'agir aussi simplement de l'infléchissement d'une situation :

Exemple › **uchi no neko wa senshû koneko o umimashita ga,**
chez-nous chat semaine-dernière chatons a-engendré
kawaisô ni, sono koneko ni shinarete shimatta no desu
malheureusement ces chatons elle-a-subi-la-mort
La semaine dernière notre chatte a donné naissance à des chatons, mais malheureusement elle les a tous perdus.

• La présence de **ga** peut aussi simplement indiquer que le locuteur a la volonté de mettre un lien entre les deux parties de sa phrase sans que ce lien ait un contenu particulier. La première proposition est comme une sorte d'introduction.

Exemples › **watashi wa tôkyô no kôtsû hakubutsukan no mono desu**

moi Tôkyô transports musée personne c'est

ga, kore wa jitsu ni mezurashii furui kikansha desu

ceci vraiment est-rare est-ancien locomotive c'est

Je viens du Musée des Transports de Tôkyô, et ceci est une locomotive ancienne vraiment rare.

sensei kara kiita no desu ga, gipusu o hamete iru n desu ne

professeur j'ai-entendu plâtre on-a-ajusté

Je l'ai appris du professeur, on t'a mis un plâtre !

• On trouve aussi **ga** dans des formules figées permettant d'adresser la parole à quelqu'un sans entrer directement dans le sujet. La première proposition consiste en une formule d'excuses : **sumimasen ga...**, *excusez-moi mais...*, **môshi wake nai desu ga...**, *je vous demande bien pardon mais...*

Exemple › **sumimasen ga, ichiban chikai chikatesu no eki wa doko**

excusez-moi le-plus est-proche métro station où

ni arimasu ka

se-trouve

Excusez-moi mais, où se trouve la station de métro la plus proche ?

391 | Comme dans le cas de **keredomo** (cf § 386), l'absence de contraintes pour la préposition terminée par **ga** montre que cette proposition jouit d'une certaine autonomie syntaxique. De fait, il serait possible de transformer facilement l'ensemble en deux phrases. Il suffit de couper avant **ga** qui vient ainsi se placer en tête de la deuxième phrase.

Exemples › **kono eiga ni wa amari kitai-shite inakatta.**

ce film pas-tellement attente je-ne-faisais-pas

ga, jissai miru to, totemo omoshirokatta

mais réalité on-regarde quand très était-intéressant

Je n'attendais pas grand chose de ce film.
Mais à le voir effectivement, il était excellent.

watashitachi no sumu machi wa samazama na mondai o
nous habitons ville beaucoup problèmes
kakaete imasu. ga korera no mondai ga
porte mais ces problèmes
kaiketsu-sarereba, sumiyasui machi ni naru deshô
solution si-on-peut-faire, agréable-à-vivre ville deviendra
La ville que nous habitons connaît de nombreux problèmes. Mais si on trouve une solution à ces problèmes elle deviendra une ville où il fait bon vivre.

ANNEXES

Annexe 1 ›

PRINCIPAUX MOTS DE TEMPS

Mots de temps référencés au moment présent

	PASSÉ	PRÉSENT	AVENIR
JOUR	**kinô (sakujitsu*)** *hier* **ototoi** *avant-hier*	**kyô** *aujourd'hui*	**ashita (asu*/ myônichi*)** *demain* **asatte (myôgonochi*)** *après-demain*
MATIN	**kesa** *ce matin*		**ashita no asa** *demain matin*
SOIR	**kinô no yoru/ kinô no ban (sakuban*/ sakuya*)** *hier soir*	**konban, kon.ya** *ce soir*	
SEMAINE	**senshû** *la semaine dernière*	**konshû** *cette semaine*	**raishû** *la semaine prochaine*
MOIS	**sengetsu** *le mois dernier*	**kongetsu** *ce mois-ci*	**raigetsu** *le mois prochain*
ANNÉE	**kyonen/ sakunen*** *l'année dernière*	**kotoshi** *cette année*	**rainen** *l'année dernière*

* termes d'usage littéraire

Mots de temps référencés à un quelconque moment

	PRÉCÉDENT	TEMPS DE RÉFÉRENCE	SUIVANT
JOUR	**zenjitsu** *la veille* **zenzenjitsu** *l'avant-veille*	**sono hi** *ce jour-là*	**yokujitsu/tsugi no hi** *le lendemain* **yokuyokujitsu** *le surlendemain*
MATIN	**zenjitsu no asa** *le matin précédent*	**sono asa** *ce matin-là*	**yoku.asa/tsugi no hi no asa** *le matin suivant*
SOIR	**zenjitsu no ban/zenjitsu no yo/zenjitsu no yoru** *le soir précédent*	**sono ban/ sono yo/sono yoru** *ce soir-là*	**yokujitsu no ban/ yokujitsu no yo/ yokujitsu no yoru** *le soir suivant*
SEMAINE	**mae no shû** *la semaine précédente*	**sono shû** *cette semaine-là*	**tsugi no shû/ yokushû** *la semaine suivante*
MOIS	**mae no tsuki** *le mois précédent*	**sono tsuki** *ce mois-là*	**tsugi no tsuki** *le mois suivant*
ANNÉE	**mae no toshi/ zen.nen** *l'année précédente*	**sono toshi** *cette année-là*	**tsugi no toshi/ yokutoshi** *l'année suivante*

Mois

janvier	**ichigatsu**
février	**nigatsu**
mars	**sangatsu**
avril	**shigatsu**
mai	**gogatsu**
juin	**rokugatsu**
juillet	**shichigatsu**
août	**hachigatsu**
septembre	**kugatsu**
octobre	**jûgatsu**
novembre	**jû.ichigatsu**
décembre	**jûnigatsu**

Jours de la semaine

lundi	**getsuyôbi**
mardi	**kayôbi**
mercredi	**suiyôbi**
jeudi	**mokuyôbi**
vendredi	**kin.yôbi**
samedi	**doyôbi**
dimanche	**nichiyôbi**

Annexe 2 ›

TERMES DE PARENTÉ

	adulte *mon/ma*	adulte *votre/son/sa*	enfant pour tous les cas
grand-mère	**sobo**	**obaasan**	**obaasan**
grand-père	**sofu**	**ojiisan**	**ojiisan**
petit-fils/fille	**mago**	**omagosan**	
mère	**haha**	**okaasan**	**okaasan**
père	**chichi**	**otôsan**	**otôsan**
père et mère	**ryôshin**	**goryôshin**	
femme	**tsuma/kanai**	**okusan**	
mari	**shujin**	**goshujin**	
fille	**musume**	**musumesan**	
fils	**musuko**	**musukosan**	
sœur aînée	**ane**	**oneesan**	**oneesan**
sœur cadette	**imôto**	**imôtosan**	**imôto**
frère aîné	**ani**	**oniisan**	**oniisan**
frère cadet	**otôto**	**otôtosan**	**otôto**
oncle	**oji**	**ojisan**	**ojisan**
tante	**oba**	**obasan**	**obasan**
neveu	**oi**	**oigosan**	
nièce	**mei**	**meigosan**	
cousin	**itoko**	**itoko**	

1. Ce tableau ne présente que les termes standards de parenté. D'abord dans une relation plus affective, le suffixe **-san** peut être remplacé par **-chan** (cf § 143) : **obaachan**. D'autre part, il existe, pour les enfants, d'autres termes, soit empruntés : **papa**, **mama**, soit marquant l'affection : **tôchan, kâ-san, neechan**... sans compter de nombreuses variantes dialectales.

2. Au-delà des relations familiales, certains termes sont employés, en particulier par les enfants, pour désigner ou s'adresser à toute personne du même âge que le membre de la famille normalement désigné par ce terme :
– **oneesan, oniisan** pour une personne de l'âge de leur sœur ou frère aîné (vers les 18/20 ans)
– **ojisan, obasan** pour une personne de l'âge de leurs parents (vers les 30/40 ans)
– **obaasan, ojiisan** pour une personne de l'âge de leurs grands parents (vers les 50/60 ans)
Un adulte peut employer les termes **obaasan** ou **ojiisan** pour s'adresser de façon emprunte d'affection à une personne très âgée.

Il en va de même pour les centaines, les milliers, etc.

500 **go-hyaku**, *105* **hyaku-go**, *115* **hyaku jû-go**, *550* **go-hyaku go-jû**, *155* **hyaku go-jû go**
200 **ni-hyaku**, *400* **yon-hyaku**, *5000* **go-sen**, *9000* **kyû-sen**, *20 000* (= 1 0000 x 2) **ni-man**,
500 000 000 (= 5 0000 0000 x 5) **go-oku**

Attention : pour les unités à plusieurs zéros, *100* se dit bien **hyaku** et *1000* **sen**.
man, **oku** sont bien des noms d'unité mais qui ne peuvent jamais être employé seuls :
1 0000 se dira **ichi man** (litt. : *un man*), *1 0000 0000* **ichi oku** (litt. : *un oku*).
Comme en français : *cent, mille,* mais *un million*.

3. La combinaison de certains chiffres peut donner lieu à des modifications phonétiques :

Pour les centaines
• après **san**, le *h* devient *b* > *300* **san** + **hyaku** = **san-byaku**
• **roku**, **hachi** perdent leur finale remplacée par un *p* et le *h* devient *p* > **roku** + **hyaku** > *600* **rop-pyaku**, *800* **hachi** + **hyaku** > **hap-pyaku**

Pour les milliers
• **san** + **sen** > **san-zen**
• **hachi** + **sen** > **has-sen**

4. En dehors du calcul pur, un nombre sino-japonais s'utilise combiné avec un spécificateur qui indique le type d'objet comptés (cf § 183). Voici une liste des principaux spécificateurs d'usage courant :

hon	*objet long et rond*	**dai**	*véhicule*
mai	*objet plat et mince*	**hiki**	*petit animal*
ko	*objet en volume*	**tô**	*gros animal*

satsu	*livre*	**wa**	*oiseau*
hai	*verre plein*	**sai**	*années (âge)*
ken	*maison*		

Il existe deux spécificateurs pour compter les humains, **nin** et **mei**.
mei est un degré plus, et s'emploie surtout dans les commerces, hôtels, restaurants, transports.
nin est le spécificateur usuel. Mais il ne peut s'employer qu'à partir de 3. Pour 1 et 2 personnes, on emploie le système japonais. Attention pour 4 personnes : **yo-nin**.

5. Comme pour les nombres, la combinaison d'un chiffre avec un spécificateur peut entraîner une modification phonétique :
• après *3* **san**, le *h* devient *b* : **san** + **hon** > **san-bon**
• après *1* **ichi**, *6* **roku**, *8* **hachi** et *10* **jû**, le *h* devient *p* et le chiffre perd sa finale, remplacée par un autre *p* : *6* **roku** + **hon** > **rop-pon**, **jû** + **hon** > **jup-pon**
• si *1* **ichi**, *6* **roku**, *8* **hachi** et *10* **jû** sont suivis de *k*, ils perdent leur finale remplacée par un autre *k* : **ichi** + **ken** > **ik-ken**
• devant *s* et *t* ces mêmes chiffres perdent leur finale, remplacée respectivement par *s* et *t* : **hachi** + **sai** > **has-sai**, **ichi** + **tô** > **it-tô**.

B. Le système numéral d'origine japonaise

1. C'est un système incomplet, qui ne possède que les chiffres de 1 à 10. Il a dû être à base 20, car il reste quelques mots qu'on pourrait rattacher à une telle base.

1	**hito-tsu**	*6*	**mut-tsu**
2	**futa-tsu**	*7*	**nana-tsu**
3	**mit-tsu**	*8*	**yat-tsu**
4	**yot-tsu**	*9*	**kokono-tsu**
5	**itsu-tsu**	*10*	**tô**

Les 9 premiers chiffres se terminent par un suffixe **-tsu** qui permet de compter des objets.
Pour les personnes, il y a un autre suffixe **-ri**, mais qui existe seulement pour 1 et 2 personnes : *1 personne* **hito-ri**, *2 personnes* **futa-ri**. Ensuite on utilise le système d'origine chinoise : *3 personnes* **san-nin**, etc.
Il reste des traces d'une base 20 à racine **hat-** : **hatachi** *20 ans* (âge), **hatsuka** le *20 du mois*.

2. C'est le système japonais qui est utilisé pour compter les jours du mois, avec un suffixe **-ka** = *jour* :

le 1e	**tsuitachi** *(cas particulier)*
le 2	**futsu-ka**
le 3	**mik-ka**
le 4	**yok-ka**
le 5	**itsu-ka**
le 6	**mui-ka**
le 7	**nano-ka**

le 8	**yô-ka**
le 9	**kokono-ka**
le 10	**tô-ka**
du 11 au 13, du 15 au 23 et du 25 au 31 : chiffres du système chinois, suivi du mot **nichi** = *jour*. Ex. : le *18* **jû-hachi-nichi**, *le 25* **ni-jû-go-nichi**...	
le 14, le 24 : combinaison hybride : le *14* : **jû-yok-ka**, le *24* **ni-jû-yok-ka**	
le 20	base 20 : **hatsuka**

INDEX

Les numéros indiqués sont ceux des paragraphes. Un tiret suivant ou précédant une entrée indique qu'il s'agit d'un élément non-autonome : préfixe ou suffixe.